神話實驗室2

天啊，這樣也算是英雄？

文・王文華
圖・施暖暖

目錄

Ⅰ 什麼是英雄的樣子？

英雄的出廠設定篇

Ⅱ 這樣也算英雄？

實驗NG英雄篇

III 下一個英雄就是你

超級「〇〇」英雄篇

什麼是英雄的樣子？

英雄的出廠設定篇

1 北歐天神祕密檔案：英雄索爾的失敗

所向披靡的索爾在北歐神話中打敗無數巨人，
戰無不勝，守衛神族的居住地，
但他居然曾經失敗過？
噓！有一位特派員祕密調查了索爾的失敗事件，
並記載在這份神祕檔案中……

神祕檔案編號：008392771

檔案記錄人：代號945

檔案索引關鍵字：雷神索爾、洛基、巨人國

檔案解鎖年限：距離檔案開放尚有八萬五千六百九十年又兩小時四十二秒

檔案調閱次數：0次

檔案記錄內容：

雷神索爾是北歐天神中力量最強大的，然而，他曾經經歷過一次大失敗。

那天，他和洛基駕著山羊戰車攻打巨人國。巨人國很遠，走一整天也走不到。天黑前，他們在路邊找到山洞過夜。半夜時，突然來了個大地震，嚇得他們整夜睡不著。隔天早上，大地依然隆隆作響，索爾決定去看看到底是什麼這麼吵。這一看，嚇一跳！沒有地震，那是個沉睡的巨人在打呼。呼嚕呼嚕，巨人每呼嚕一次，大地就搖晃一次。

雖然趁人家睡覺偷襲不光明，索爾還是拿雷神錘朝著巨人的頭上一敲，巨人翻個身，繼續睡，彷彿剛剛只是一片落葉掉在頭上。

「哼，讓你看看我的厲害！」索爾舉起雷神錘，跳上雲端，用雷霆萬鈞的力量往下攻擊，砰的好大一聲，巨人搖搖頭，坐起來，他根本沒看到索爾：「是樹上的果子掉下來嗎？我得換個地方睡覺。」接著，巨人爬了起來，拿起一旁的手套……

「手套？」望著巨人的背影，索爾和洛基相互看了看：「原來我們前一天過夜的山洞，只是巨人的手套？」

雖然心情大受打擊，他們還是繼續前進。

前面有兩座高山，它們的形狀是長方形的，依偎在一起。等索爾和洛基走到山腳下時，發現那是巨人國的大門。他們從大門的縫隙擠進去，卻遇到巨人國國王熱情的接待他們，就像是多年不見的老朋友。

巨人國國王詢問：「聽說北歐諸神無所不能，不知道兩位有什麼特殊才能？」

洛基一路都沒什麼表現，不過他說：「打架我不行，但吃飯是天下第一，我們來比賽吃飯吧！」

「你想要和巨人比賽吃飯，這有趣！」巨人國王從隊伍中隨便指派一個巨人來比賽。國王的僕人端出兩鍋燉肉，每一鍋都能夠讓普通人吃上一年。

洛基仰望著那鍋「肉山」，接著就跳上去埋頭苦吃，他吃得比大胃王比賽還要凶狠十倍，但是等巨人國的選手把大鍋裡的肉吃個精光時，洛基那鍋肉看起來好像沒動過。

吃得眼冒金星、口吐白沫的洛基當然輸了。

巨人國王望著索爾：「洛基天神食量小。那索爾大人……我們換個題目，比賽喝酒怎麼樣？」索爾才剛點頭，國王身旁的僕人就拿出兩杯酒，那酒杯比池塘還要大。但索爾不怕，他趴在杯子邊，咕嚕咕嚕的大口狂飲，巨人國的代表也跟著喝起來。他們不知道喝了多久，索爾睜眼一瞧，酒杯裡的酒看起來還是那麼多。

「怎麼會這樣？」索爾不能接受這結果，喝呀喝呀，他喝得肚皮脹成山，眼前那杯酒也不過就降了半口的高度。

「看來索爾大人不擅長飲酒呢！」巨人國王假惺惺的笑著。

索爾嚷著：「喝酒算什麼？要比就比力氣！」

「比力氣，太好玩了。」國王讓僕人抱出一隻灰貓：「只要你能把這隻小貓抱起來，就算你勝利！」

「你……看不起我？」憤怒的索爾衝上前，用盡全身的力氣想把貓摔出去，奇怪的是，不管他如何使力，灰貓的腳像黏在地上，只有腰被拉長了，像條長長的灰圍巾。

巨人國王笑嘻嘻：「再給你一次機會，如果你能把我們的大力士舉起來，我就說你是力量最大的雷神索爾。」國王說完，一走出來的是個八十幾歲的巨人婆婆，看起來好像隨時都會跌倒的樣子，但索爾使出吃奶的力氣，卻無法舉起她，只能跪地認輸。

最後，索爾和洛基倉皇逃離這個莫名其妙的巨人國，兩人互相約定，千萬別在任何人面前提起這件事。

神祕檔案管理室山羊特派員解密紀錄：

依據本特派員調查後得知，無敵英雄索爾並沒輸，一切都是巨人國國王運用了障眼幻術緣故。

巨人之所以不怕雷神鎚，那是因為索爾的雷鎚實際上打中的是遠方的山，不是巨人；在大胃王比賽裡，洛基吃的不是肉，而是火；而酒杯裡裝的是海洋，索爾能喝下一小口海洋，這已經超級了不起了。

那隻灰貓其實是圍繞世界的巨蛇變成的，索爾能拉得動牠，讓地球都跟著快轉了好幾秒；而巨人婆婆是「時間」的化身，所以索爾當然無法移動她，而且不管他撐多久，最後還是得在「時間」面前跪下來。

解密紀錄一經查閱，資料將於三十秒後自動銷毀。

索爾為什麼是「雷神索爾」？

在北歐神話裡，力量最強大的天神是索爾，傳說中他是北歐眾神之首奧丁與大地之母的兒子，也有人說他是奧丁與女巨人所生。英勇的索爾在神話中擔任守護神域「阿斯加德」的重責大任。

索爾的武器是雷神錘，那是矮人為他打造的武器，這武器的握柄很短，但是卻有自動追擊敵人的功能。索爾持雷神錘守護阿斯加德，跟巨人族作戰，幾乎沒有敗績。索爾更曾因雷神錘被偷，因而聽從洛基建議，假扮新娘，但他在婚禮大啖八條鮭魚、一頭牛和一大桶麥酒，讓新郎備受驚嚇，差點露出破綻，幸好最後用計取回雷神錘。

不過，雖然被稱為「雷神」，但他並不像是中國神話中的雷公一樣，負責降雷工作。至於為什麼索爾會被稱為雷神呢？傳說他的戰車是由兩隻力大無窮的山羊負責拉動前進，這輛戰車奔馳時會發出巨大的聲響，簡直像雷鳴一樣，「雷神索爾」的稱號就是這麼來的。

2 魯斯塔姆，報到！

神祕的中東地區波斯有位力大無窮的蓋世英雄，
他食量大、力氣大，還有連闖七關的英雄事蹟。
就連史詩中更是滿滿的英勇紀錄，
他就是——魯斯塔姆。
一起體驗說書人如何將英雄故事傳唱至今！

「若要名聲揚，先要自身香，白髮英雄故事剛唱罷，魯斯塔姆已登堂。」

各位客官啊，我是今天的說書人阿華。話說當時白髮扎爾是波斯的英雄，但英雄再神勇，總有老去的一天，還好，英雄一棒接一棒，在牛奶與蜜流淌的河域，新的勇士即將登臺亮相。

翻翻波斯《列王記》，勇士的行列是崎嶇而神聖，他們披星戴月，他們殺敵萬千，他們號召全民，他們勇往直前，勇士薩姆的傳人是白髮扎爾，而白髮扎爾的繼承者就是咱們今天的主角——魯斯塔姆。

說起魯斯塔姆，那可不是個簡單的人物，你想想啊，他還是娃娃的時候，一餐飯就要十個奶媽；八歲一棒打暈抓狂的白象……他那些說也說不完的英勇故事，直到現在，還被人不斷的傳唱。小的雖然是不起眼的說書人，可也是他的頭號粉絲啊，今日就來說說他的故事，賺點賞錢吧。

波斯人常說，智慧的倉庫裡儲滿了箴言，傳奇故事的開始在皇宮。

有那麼一天，國王請了一位吟遊詩人來唱歌——

「馬贊得朗好地方，青山綠水民安康，

馬贊得朗像天堂，物產豐饒鮮花香。」

說也奇怪，吟遊詩人唱唱歌，國王一聽卻發了神經：「馬贊得朗那麼好的地方，應該也是我該去征服的地方。」

於是啊，波斯戰馬得兒得的走向馬贊得朗，波斯士兵扛起長槍去攻打馬贊得朗。

波斯人說：「性急的蒼蠅會掉進滾燙牛奶裡。」這個國王就犯了這個大錯，他性子太急，沒探聽清楚——馬贊得朗可是一隻不好惹的刺蝟，他們的城堡有惡魔幫忙看守啊，各位，你想想那畫面：惡魔用黑霧籠罩著戰場，施法降下石雨，咻咻咻咻，打得國王的大軍稀哩嘩啦、落花流水；亂下命令的國王雙眼瞎了，服從命令的士兵們成了俘虜，消息傳回家鄉，全國上上下下、老弱婦孺們無助的痛哭。

戰場上識勇敢，狂怒中識智慧，窮困中識朋友。最危急的時候，也是英雄登場的時刻。

魯斯塔姆好兒郎，他騎上戰馬「拉赫什」——這匹馬可不是什麼亂七八糟的馬，牠在波斯傳說裡的地位，就如同三國演義關二爺那匹赤兔馬。

一人一騎上戰場，拉赫什跑得快，一天就趕了幾百里的路。那個夜晚，星夜無光，一頭巨獅悄悄而至，英雄睡沉了，月亮叫他也叫不醒，巨獅撲過來，幸好拉赫什用一個後踢，踢翻了雄獅，雄獅躍過來，拉赫什退到一旁，回頭這麼一咬，緊咬住獅子的背。

「吼——」雄獅低沉的怒吼，驚醒了魯斯塔姆，他一劍斬掉巨獅的頭，諸位啊，要不是這匹馬，咱們的英雄可就變成獅子的宵夜啦。

前往馬贊得朗，困難重重，起伏的沙漠讓人心驚膽顫，水喝光了，食物吃完了，該選擇繼續往前還是後退？

就在他陷入困境時，眼前出現一頭山羊，有羊的地方離水就不遠，他跟著山羊，找到救命的水源，這才能繼續往前。

但危機還沒結束，魯斯塔姆和拉赫什走了三天三夜。這一夜，他們在河邊休息。魯斯塔姆吩咐拉赫什：「敵人來了別逞強，我們並肩作戰，團結才有力量。」黑漆漆的夜，巨龍鑽地而出，哇！這巨龍不是凡間的產物，牠一身鱗甲紅眼睛，動作安安靜靜，來到魯斯塔姆身邊，張開血盆大口，眼看就要把咱們的英雄吞下肚。

嘶——拉赫什急得又蹦又叫，這一蹦叫，叫醒了魯斯塔姆，但巨龍好陰險，牠一個翻身躲進地裡，魯斯塔姆左看右看，什麼也看不見，以為拉赫什搗蛋：「好好休息，別亂叫，明天還要趕長路。」

我們的少年英雄剛睡著，巨龍又來了，拉赫什即時通報，魯斯塔姆醒來又發現沒事，壓抑著怒火：「你再無理取鬧，明天絕不饒你。」話一說完，他翻身睡覺，巨龍卻三度現身，拉赫什急得嘶鳴，魯斯塔姆好夢又被打斷，他氣得睜眼一瞧，不得了！好大一條龍，張開大嘴打算噴出烈焰。魯斯塔姆一個翻身，順勢拔出長劍，雙方翻翻滾滾打得激烈，拉赫什也來幫忙，牠咬住巨龍，魯斯塔姆寶劍一揮，終於除掉巨龍。

他們歷經萬險，終於來到馬贊得朗，這裡是魔鬼阿爾讓的城堡，終年昏暗。魯斯塔姆怕不怕？不怕！他一點遲疑也沒有，他是英雄中的英雄，穿著戰袍衝了進去。

阿爾讓帶著幾千個惡魔出擊，我們的英雄毫不畏懼，他跳上前，抓住阿爾讓的耳朵，一刀割下魔王的頭，妖魔大軍發現首領已亡，立即四散而去。關在牢裡的國王聽見拉赫什的嘶鳴，他大叫：「我聽過那匹馬的聲音，魯斯塔姆和拉赫什來救我們了。」

同樣被關著的士兵都以為國王瘋了，然而，砰的一聲，緊閉的牢門打開了，多年不見的陽光灑了進來，同陽光來的，還有傳說中那位英雄——魯斯塔姆。

國王雖然救出來了，但國王的盲眼只有用白妖的血才能治療，魯斯塔姆的英雄之旅還沒結束，他和拉赫什還要繼續出征。這次他能打敗白妖嗎？國王的視力能順利恢復嗎？

歡迎大家明天繼續來茶館，小弟在這裡為大家說個分曉。

史詩中的英雄

在波斯流傳下來的文學作品中，有一種很特別的表現方式——將傳說故事或歌頌英雄功績以長篇敘事詩形式呈現。一開始，史詩是透過口耳相傳的方式流傳，後來漸漸有人將這種口述的敘事詩記錄下來。詩人菲爾多西的作品《列王紀》更被視為是古波斯的百科全書，從上古神話到政權被推翻的內容，橫跨約四千年的記載盡在作品中。

這篇故事的主角魯斯塔姆，便是史詩《列王紀》中著名的英雄。他的祖父薩姆、父親扎爾也都是勇士。魯斯塔姆身形高大威猛，具有神力，他小時候就用祖父的權杖擊敗巨象，馴服龍馬拉赫什。

拉赫什行走如飛，吼聲如雷，能說人語。有了拉赫什後，魯斯塔姆更是馳騁疆場，所向無敵，連闖七道難關：殺獅子、越沙漠、斬魔龍、破女巫、俘騎士、屠鬼王、擊潰白巫，最後成功救回卡烏斯國王。這樣艱難的經歷，只有希臘的海克力斯才比得上吧，難怪會被載於史詩中，永世流傳。

3 我弟弟毛伊

玻里尼西亞地區島嶼眾多，
紐西蘭、夏威夷、薩摩亞、大溪地等都含括在內。
這些島嶼的傳說故事中都曾出現過同一個英雄，
究竟他做了什麼事情？
聽完這個演講，或許你會更明瞭！

各位評審老師，各位同學，大家好，我是一號參賽者，今天要演講題目是：〈我的弟弟〉。

說起我的弟弟毛伊，他是我們紐西蘭南島上的大麻煩，真的，他把祖先留下來的魔法魚鉤當玩具，隨身帶著，連去廁所也不肯放下來，你們說，煩不煩？那是古董耶！要是弄壞了怎麼辦？但是沒人勸得了毛伊。

島上海風大，日照強，可惜太陽比較懶惰，沒有鬧鐘，常忘了起來，而且還很早就下班去睡覺。太陽這麼懶，我媽洗的衣服經常晒不乾，所以我弟弟毛伊去找太陽的麻煩，他跳到半空中，追著太

陽跑。

你一定會想：「太陽？追不到吧？」

別忘了，他是我弟弟毛伊。太陽不但被他追到了，他還用魔法魚鉤把太陽捆起來，然後……他把太陽暴打一番。

他打得日月無光，打得波濤洶湧，打得太陽滿臉通紅，還求他：「不敢了，不敢了，毛伊，你放了俺，俺以後一定乖乖起床不偷懶。」後來太陽就每天乖乖按時上班。

不過毛伊其實自己也受了傷，他受傷後所滴下來的血就變成龍蝦，哦，媽媽咪呀，你們都愛吃龍蝦，我可不想，誰想吃毛伊的滴血龍蝦呀？

話說紐西蘭北島怎麼來的？這也是毛伊闖的禍。真的。

那天我們四個兄弟說好了，要去釣魚，不要帶毛伊。

「他只會搗蛋。」大哥說。

「誰知道他會惹出多大的災難？」二哥說。

我們偷偷把船划出去，到了外海正要開始釣魚，船後頭鑽出一個人，沒錯，是毛伊，原來他躲在船尾，看我們釣魚他也手癢，我們說他年紀小，釣不到魚，他不相信。結果我們四個哥哥，釣了滿滿一船的大魚。

而毛伊呢？

他把魔法魚鉤甩進海裡，丟了一次又一次，什麼也釣不到。

我們笑他，他就生氣了，朝著大海喊：「過來過來，該釣什麼釣什麼，都給我自己來。」這一竿下去，釣到了！我弟弟毛伊釣了條大魚，但他拉不起來，我們四個兄弟過去幫忙拉，哇，那是一條比所有的山加起來還大的魚，我們當哥哥的比較謹慎，擔心魚跑了，拿

出刀準備把它切成兩半。

毛伊卻忽然懂事的說：「不行不行，我要先安撫海神，把這麼大的魚釣走，海神會生氣。」都什麼時候了？毛伊還這麼溫溫吞吞的！大哥等不及，刀子一劃：「毛伊，看見了吧，死翹翹的魚才不會跑掉。」

魚死了，一時間，地動山搖，驚濤駭浪，唉呀呀，這些切開的魚塊就變成了紐西蘭北島的山谷、山脈、湖泊和岩石聳立的海岸線……

現在人們都說，紐西蘭北島是我弟弟毛伊釣出來的。要我來說的話，這說法不對！明明是我們大哥用刀一切，才把紐西蘭北島給切出來的啊。

那我弟弟毛伊呢？

紐西蘭北島出現後，他教導太陽要勤勞，讓人們可以有足夠時間工作。想不到竟然還有人來求他，說他們想要長生不老，而我弟弟毛伊閒著也無聊，居然答應了他們的請求，跑去跟冥神打賭，說他能在太陽下山前，從冥神屁股跑進去，再從嘴巴跑出來。他告訴冥神：「如果我做到了，你就要給人類永生不老。」冥神答應了。毛伊變成一隻老鷹，他飛得那麼快、那麼快，幾乎是一眨眼的時間就飛走了，但是直到今天，毛伊都沒有飛出來，所以人類也還不能長生不老。

如果各位有天看見我弟弟，那就恭喜大家都能青春永駐，因為毛伊順利完成任務啦！

我的演講到此結束，謝謝大家。

玻里尼西亞群島的半神英雄

毛伊是玻里尼西亞神話中的人物，他的父親不是凡人，所以毛伊一出生就帶有神性。但毛伊是個早產兒，出生時樣子沒長全，他的媽媽一看到他的樣子，感到非常害怕，於是割下頭髮，把他包在頭髮裡後，就扔進大海中。

不過海洋卻用海帶保護他，透過風將他帶回岸上，毛伊正好遇上一個懂魔法的老人照顧他、教他魔法，等他長大了，老人勸他回家。毛伊經過長途跋涉，終於找到媽媽，但他的媽媽認不出他，直到他說出身世，這才被接納。這樣的成長過程卻沒影響毛伊，他熱愛冒險，也愛惡作劇的個性，深獲玻里尼西亞人喜愛。

在玻里尼西亞的神話中，毛伊除了迫使太陽晚點下山外，更為了增加人類居住的土地，將他的魔法鉤子丟入海洋中，拉起許多島嶼，讓人類有多一些居住的土地。除此之外，他更趁著冥神不注意時，潛入冥界，將火帶入人間，讓人類從此能使用火。在神話中，他被塑造為一個為人類做許多事情的英雄，後來更因為想要長生不老的人類，去和冥神打賭，最終被困在冥界。

4 第一次與巨人決鬥就勝利的英雄

聖經中記載著一位牧童：
「手中拿杖，又在溪中挑選了五塊光滑石子，放在袋裡；
手中拿著甩石的機弦，就去迎那非利士人。」
他一戰成名，順利擊退巨人和眾多士兵。
現在一起來讀劇本，
看看決戰現場是怎麼一回事吧！

時間：很久很久以前

地點：戰場上

人物：大衛、掃羅王、以利押、巨人歌利亞和眾多士兵

◎開場時，掃羅王坐在指揮帳裡，士兵站兩旁。

口白：非利士人與以色列人打起來，以色列掃羅王帶軍作戰，兩軍僵持不下……

◎指揮帳被拉開，衝進來的以利押差點跌倒在地。

以利押（慌慌張張）：掃羅王，掃羅王，大事不妙……

掃羅王（高傲的口氣）：天塌了嗎？地裂了嗎？為什麼這樣慌慌張張？

以利押（驚恐的口氣）：非利士人派出一個巨人來了。

掃羅王：我們以色列國的士兵，天不怕地不怕，怎麼會怕巨人？召集大家，與我一起出去應戰。

◎戰鼓聲。

掃羅王（威風凜凜，怒吼）：非利士人竟敢侵略我國土，不想死的，快快滾回去。

士兵（高舉長矛、盾牌）：滾回去，滾回去，滾回去……

◎一陣如雷的腳步聲，由遠而近。

△隨著腳步聲的節奏，士兵們被震得東倒西歪。

士兵（由喜悅變恐懼）：怎麼……怎麼回事？

巨人（只出現聲音）：以色列人，誰想跟巨人歌利亞打一架？

士兵（抬頭後嚇得直往後退，相互推擠）：

你……你去，你……你去！

巨人（狂笑的聲音又響起）：掃羅王在哪裡？

士兵（推出國王）：在……在這裡。

巨人（聲音）：你就是掃羅王？你要跟我打？

掃羅王（怒斥左右）：誰？是誰把我推出來的？

士兵（搖著手）：不是我，不是我。

以利押（望著觀眾互動）：這麼高的巨人，誰敢跟他應戰呀？

（指著某一位觀眾問）你敢嗎？（轉向另一觀眾問）你來嗎？

大衛（從人群中走出來）：我來！讓我跟他打。

△眾士兵紛紛後退，中間讓出一條路。

眾士兵（嘲笑）：你？就憑你？

以利押（擠出人群，拉著大衛）：弟弟，這裡不是玩耍的地方，你趕快回去放羊。

大衛（掙脫哥哥的手）：哥哥，這裡沒人敢跟巨人對抗，但是我敢！

眾士兵：一個娃娃兵？哈哈哈……

掃羅王（皺著眉頭）：孩子，你從哪裡來？

以利押：掃羅王，這是我的弟弟大衛，他年輕不懂事。（轉頭怒氣沖沖罵大衛）你快回家，別在這裡胡說八道。

大衛：上帝必會幫助我戰勝他。

掃羅王：以利押，放了你弟弟，讓我來問問他。

△以利押不甘不願的放手，並退到一旁。

掃羅王：孩子，歌利亞太巨大了，沒人對付得了他。

大衛：掃羅王，請您放心，我平時幫父親放羊，有時獅子來，牠想吃我們家的小羊，我就衝過去，追牠趕牠打牠，把小羊從獅子口中救回來。

掃羅王（驚嚇）：你真大膽！獅子有鋒利的爪牙呢！

大衛（拿出投石索擺姿勢）：我相信我的神，我的神必然也會照顧我。我曾殺過獅子……

眾士兵（佩服）：他殺過凶猛的獅子……

大衛（往另一個方向瞄準）：我也擊敗過熊！

眾士兵（驚嘆）：他曾擊敗過可怕的熊！

掃羅王：歌利亞巨人身高超過三公尺，戴銅盔，穿戰甲，手裡的長槍跟大樹一樣，你怎麼打得過他？

大衛：我既然能打跑獅子和黑熊，也必然能擊敗歌利亞。

掃羅王：孩子，你很有勇氣。（轉向士兵）把我的盔甲和寶劍拿來給這位小勇士。

大衛：掃羅王，我穿上這些走不動，我只要牧羊杖和投石索就夠了。

掃羅王（拍拍大衛）：勇敢的孩子，願神祝福你（轉頭對士兵），吹號角，擂起鼓，迎戰歌利亞。

以利押（拉著弟弟的手）：小心一點。

大衛：哥哥，別擔心。

◎號角聲、戰鼓聲

△其他人神情慌張的望著天空。

大衛：歌利亞，我要跟你決戰。

歌利亞（走到幕前）：哪裡來的小娃娃？看到我，你還敢說要跟我打？

大衛：我不怕你。

歌利亞：瞧我一拳把你打成小螞蟻（巨人一拳揮來，大衛跳到一旁，拿出投石索，甩了幾圈，巨人衝過來）你這討厭的跳蚤，別跳。

大衛：那你追上來啊。

◎戰鬥音樂。

△巨人身體笨重。大衛很靈活，幾次差點被打到，都驚險的躲開。幾個閃躲後，大衛趁巨人來不及轉身，擊出投石索，一舉打中

巨人的額頭。

歌利亞：啊，我……（巨人轟然倒地）

士兵（衝出來）：巨人倒了。

士兵（湊過去）：巨人死了。

掃羅王：追擊敵人，別讓他們跑了。

士兵：追擊敵人，別讓他們跑了。

△士兵追擊敵人，聲音漸漸遠去。

◎輕快音樂。

△士兵簇擁著掃羅王出來，傳來一陣歡呼聲。

掃羅王（拉起大衛的手）：你雖然年紀輕輕，卻是以色列的英雄。

士兵（扛起大衛慢慢退場）：大衛，英雄，英雄，大衛。

口白：小小的大衛，打敗獅子與熊，擊倒巨人歌利亞，最後當上以色列的國王，他的故事，被世人永遠的傳唱……

以色列英雄大衛

在舊約聖經撒母耳記中曾記載，以色列人心目中的英雄「大衛」的故事。

大衛少年時幫父親牧羊，曾殺死襲擊羊群的惡熊猛獅。在成長過程中，他憑著對神的信心和信仰，再加上他平時熟練的百發百中甩石功夫，擊斃了巨人歌利亞，從此成為以色列人心目中的英雄。

不過，雖然大衛順利為國家擊退敵人，也被掃羅王重用，屢建戰功，卻也為自己招來無妄之災。在一次慶祝活動上，有婦女歌頌：「掃羅殺死千千，大衛殺死萬萬。」這讓當時的掃羅王很不是滋味，擔心大衛會搶奪自己的王位，便派人追殺他，大衛因此到處漂泊流浪，直到掃羅王戰死後，大衛成了以色列王，從而建立統一的以色列王國，對後世的猶太民族和世界都產生巨大影響。

5 挑戰死神大作戰

馬雅文化是美洲三大文明之一，
具有活人獻祭的傳統，馬雅人更會舉行球賽，
除了是一種祈福儀式外，也是一種競爭活動。
不過，在馬雅傳說中，
居然有一對雙胞胎敢和死神參加球賽，
甚至還打敗了死神……

地府裡，死神睡不著，地面傳來一陣一陣的聲音讓他頭疼。

「怎麼回事？那些馬雅人怎麼不睡覺？」死神揉著頭問。

「今年的活人獻祭獻了一百人，祭典完大家都累壞了。」一隻貓頭鷹答。

「那他們為什麼還這麼吵？」

「祭典結束了，是一對雙胞胎在玩球，他們總是玩得太投入。」另隻貓頭鷹說。

「真是吵死人！把他們處死吧。」死神說完這不負責任的話，揉揉頭，翻身睡著了。

在他睡著的時間裡，四隻死神貓頭鷹帶回玩球的雙胞胎兄弟，他們的頭被掛在樹上，這下，再也沒人敢發出吵死人的聲音，死神終於能好好睡覺了。

沒想到，兩兄弟的頭變成了葫蘆，一個美麗的少女發現它，她的手才輕輕一碰，肚子就大了起來，結果，她也生下了雙胞胎——烏納普和伊克斯巴蘭。

沒想到新生的兩兄弟也愛玩球，死神又再次被打擾了。

「誰？又是誰在吵死人？去把他帶來！」死神說。

哈欠連連的貓頭鷹奉了旨，牠們再度出發，領著兩兄弟經過深淵峽谷、血膿之河，踩過尖刀之路，穿過毒蠍大軍，好不容易才進到地府——恐怖之境。死神又想找理由處死他們，他用泥土塑出無數個死神分身：「死神只有一個，找錯換你們當死人。」

「找死神嗎？」望著洋洋得意的死神，哥哥造出一隻蚊子，命牠去叮「真正的死人」，果然，蚊子叮得死神滿臉通紅。

「不知天高地厚的小子！」死神生氣了：「去守住火把和煙，只要火熄了，你們的生命也就沒了。」死神的規則是要守住火把和煙一

夜，然而風大雨急，火把和煙岌岌可危，於是兩兄弟靈機一動，用紅金剛鸚鵡的羽毛代替火把，用螢火蟲的光取代煙的火光，成功騙過死神。

他們順利過關後，死神給的下個考驗是「殺人蝙蝠屋」。一旦被殺人蝙蝠叮一口，誰就死翹翹。兩兄弟攜手同心，躲過殺人蝙蝠無數次攻擊。快天亮前，兩兄弟中的哥哥興奮的想探頭看看日出，死神就趁這機會——他砍下哥哥的頭當球，準備辦一場球賽。傷心的弟弟把南瓜裝在哥哥身上，帶著南瓜頭哥哥去參賽，比賽只有兩隊伍，死神一隊，雙胞胎兄弟一隊。

「南瓜？真是笑死人了。」死神的笑話一點都不好笑，弟弟趁機把球踢進叢林，在樹林裡頭把南瓜與哥哥的頭對調——哥哥復活了！他們兄弟的默契太好，一玩起來，瞬間把南瓜球踢爆，死神的隊伍便輸了。

死神認輸了嗎？不，頒獎典禮在大火沖天的廣場上，死神在大火中間狂笑：「來啊，來領獎啊。」

雙胞胎兄弟一走進去，烈焰把他們燒成灰，風一吹，灰落進水裡，他們在水裡重新組合，接著復活了。復活的雙胞胎再也不怕火了，他們扮成火焰魔術師，在地府巡迴表演。這樣的演出吸引地府裡的貴族來觀看，訊息傳進死神的耳裡，他把兩兄弟喚來：「快把最好的節目秀出來。」

「當然。」他們先讓一條小狗全身著火，卻又毫髮無傷的恢復原狀；雙胞胎再把地宮和所有的貴族們全燒掉，馬上又讓大家復原，地宮依然雄偉陰暗。

「你們能讓自己再次死而復活嗎？」死神問。

「說不定行呢！」弟弟把哥哥的心臟拿出來，又放回去。

「太好玩了，」死神的童心被激發：「我沒看過自己的心耶。」

「死神大人，」弟弟恭敬的說：「請讓我為您施展魔法吧！」

弟弟畢恭畢敬的拿出死神的心並微笑著向大家展示，它小小的，跳得歡暢，然後弟弟把它往外一拋，一條野狗跑來把它叼走，邪惡的死神真的成了「死」神。地府裡剩下的貴族害怕極了，面對連死神都對付不了的兩兄弟，他們渾身顫抖，跪地求饒……

雙胞胎笑著說：「你們也一起來吧。」

貴族們只想活命：「饒了我們，只要饒了我們，你們提出的任何條件都行。」

「條件呀？」兩兄弟互看一眼，很有默契的微笑。

從此，馬雅人再也沒有活人獻祭這項祭典了。

馬雅人的雙胞胎英雄

這個雙胞胎的故事來自南美洲的神話。他們的故事被記錄在馬雅文化世界起源、諸王歷史、宗教社會等內容的聖書《波波爾武》中。

雙胞胎的父親因為沒有通過死神的考驗被處死，後來變成葫蘆。雙胞胎的母親因為接觸化成葫蘆的頭顱所吐出的口水而受孕，在當時未婚懷孕是不被接受的，所以他們的母親備受指責，還被逐出家族，只好去投靠雙胞胎的祖母。

這兩兄弟的童年過得並不愉快，祖母瞧不起他們，雙胞胎同父異母的兩個哥哥也時常霸凌他們，甚至想殺死他們，但最後都失敗了。後來，雙胞胎用計，讓兩個哥哥爬上施了魔法的大樹，最後還長出尾巴，變成了樹上的蜘蛛猴與吼猴。

雙胞胎兄弟成年後，也因為打球而被死神召喚前去地府，但他們憑著機智與默契，通過死神層層考驗，成功殺掉死神，最後升天，成了天上的太陽和月亮。

6 歡迎光臨英雄遺物拍賣會

在英法的百年戰爭中，
有位英雄曾帶領法蘭西王國的軍隊，
五天內剿滅數千名敵軍，
甚至反轉了戰爭局勢，她究竟有什麼魅力呢？
這裡有一封信，或許可以窺見一二……

好佳在春天拍賣品，第一零六六號　亞康旦的信

作者：法國亞康旦

文物提供者：英國某匿名公爵

本拍賣品為亞麻布，用深黑色墨水書寫，經本公司鑑定為真品。

拍賣起標價：三千歐元

文件內容如下，歡迎對法國歷史有興趣的朋友，踴躍參加今年的春拍。

親愛的貞德，我希望你可以收到這封信。

你一定不知道我是誰，但我知道你原先是個農村女孩，卻帶領我們打了一場又一場的勝仗。

我們和英國打了五十多年仗，一向輸得多，我們心裡都明白，法國被滅國也是早晚的事。法國三大城中的巴黎和蘭斯早被英軍占領，現在，也只剩下這裡——被英軍包圍一年多的奧爾良。

貞德，我只是一名騎兵，駐守在奧爾良。面對英國大軍，我祈禱奇蹟，請求上帝派個大將軍，帶我們反敗為勝。歷史上的大將軍很多，羅馬的凱薩、馬其頓的亞歷山大大帝，但除非他們重生，這場仗才有希望吧？

那年，我們都聽到一個預言：有個女孩將會帶領法國人把英軍趕跑。

如果那是上帝給的預言，那個女孩在哪裡呢？

沒多久，將軍告訴我們：有個農村不識字的女孩，她向法王請纓，自稱看過三尊天使，被上帝指定為法國人的復國希望。

「真是太好笑了吧？」我們將軍邊說邊笑，還把剛喝下的酒都噴出來

了。

貞德，你知道嗎，我聽了很興奮，因為上帝一定是聽見我懇切的祈禱。

真的，你真的來了，你舉著旗幟，帶著軍隊到奧爾良，那些自大的英國人，絕對想不到，這種時候還有法國人敢殺向英軍。

英國人被衝散了，奧爾良的城門打開了。你舉著白色聖旗出現在城門口，那是我第一次見到你，你是帶來勝利的女孩！我們的士氣瞬間點燃，大家舉著長槍，展開反攻，而領頭的還是你。

是你，帶領我們在四天之內，將英軍包圍奧爾良的據點全部擊垮。即使你中箭受傷，依然在包紮過後，再回戰場。你的舉動，激勵所有的人，不管是平民、貴族還是士兵，大家鬥志高昂，前仆後繼。強大的英軍潰敗了，這場戰爭讓我們明白：我們都是「法國人」，保護自己的國家，是所有法國人的事。

真的，法國的熱血青年像潮水般湧出來了，我們鬥志高昂，一起向蘭斯出擊！

要抵達蘭斯，要先度過羅亞爾河，雖然整條河都被英軍掌控，我們不怕，只要跟著你，跟著你手中那面白色聖旗往前衝，大家的精神就特別高昂，連我的馬跑起來都特別快。

不到兩個月，我們光復了蘭斯城，我們的查理七世國王，終於能像自己的祖先一樣，在蘭斯加冕，成為真正的法國國王！

貞德，我真希望歷史停留在這一天，那該有多好。但巴黎還在敵人手裡，我們必須舉起聖旗，帶著大家前往巴黎，要把英國人澈底趕出法國的國土。我只是一名小兵，你曾在我受傷時告訴我，一切都會好起來的，只要我為了法國衝鋒，上帝會保護我的。

後來你被俘虜了，被英國人帶去英國審判，但是，我知道你會回來的，因為，你是真正的英雄，比凱薩和亞歷山大還厲害，你的出現，讓法國人的熱血燃燒起來。你放心，我們會成功把英國人趕回英吉利海峽，把你救回來，因為我們每次的衝鋒，都像跟在你那面白色聖旗之下。

敬愛你的亞康旦留

農家女孩變身復國大將軍

貞德本來是個農家女孩，從小篤信宗教。

英法百年戰爭時期，法國輸多勝少，等到貞德出生的時代，法國早已危在旦夕。正當英軍包圍奧爾良時，年僅十七歲的貞德，卻憑藉著想要解救奧爾良的信念，不斷的說服當地軍官，最後終於率領著六千名義軍，前往救援。

她只用十四天就衝破英軍包圍，法國人更因此受到鼓舞，士氣大振，前後不到兩個月，法國便收回了整條羅亞爾河。不過，後來貞德戰敗，為敵人所俘。她讓敵人吃了連連敗仗，落到敵人手中，這當然不會有好下場，最終敵軍便找了理由將她處死。

西元一九二〇年由羅馬天主教教宗追封貞德為「聖女」，後世尊稱她為「聖女貞德」。法國至今仍視她為勇敢形象的象徵，有許多文學作品或漫畫也可以看見她的身影。

7 都是摩西

如果你聽過摩西這位英雄的名字，你一定知道，
他就是那位向紅海伸出手杖，紅海便開出一條道路，
讓他帶大家逃離埃及人追捕的英雄！
只是出埃及的道路可不輕鬆！
如果你在隊伍中，
會不會也和故事中的主角有一樣的想法呢？

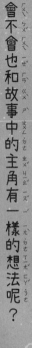

都是摩西。

如果不是摩西，我現在應該在自己的席子上安穩的睡覺。

我家很小，主人克西大伯也很凶，但是，要不是摩西，我怎麼會躺在沙灘，讓刺骨的海風凍到睡不著？對了，還有妹妹，要不是摩西，我妹妹不會只吃了一塊餅乾，然後整夜裡喊肚子餓。

摩西說耶和華指示他，要希伯來人跟著他，離開埃及去聖地。

我不知道聖地在哪裡，因為我從小到大沒離開過埃及。

遠方有人在喊，只是聲音被風吹得聽不清。

「埃及人！」我終於聽懂了。

「埃及人！」

山嶺上塵土飛揚，大家全站起來了。

「法老王的軍隊！」

「埃及軍隊。」

大家都想跑，只是前方有大海攔著，妹妹驚恐的望著我，爸爸他們圍著摩西問：「現在該怎麼辦？」

我們希伯來人世世代代是埃及人的奴隸，埃及人曾建議法老王把希伯來人通通都殺掉，法老王可捨不得希伯來奴隸，他改了個方法，下令殺掉那年希伯來人出生的男嬰。

那一年，摩西剛出生，他的媽媽偷偷把他放進塗了膠泥的籃子裡，再把籃子放進尼羅河。大難不死的摩西，被埃及的公主撿到並收養，然後……後來的故事我知道，他為了救一個希伯來人，自願去流浪，現在他回來帶領我們，穿越沙漠，準備到聖地，他說：「即使去流浪，也比當奴隸好。」爸爸一開始反對，還把他後背的鞭痕露出來：「別傻了，埃及人不會讓我們走。」

「耶和華會降下災難，處罰他們。」摩西這麼說時，大家都不相信。但是尼羅河的水變成了血色，天上落下無數的青蛙，還有颶風，數不清的蒼蠅……即使發生了這麼多災難，法老還是不肯讓我們走。摩西說，耶和華告訴他，最後的懲罰來了，埃及人家的長子都會在這一夜死去，只有把門框塗了血的人家才不會受災。

這一夜，爸爸殺了我們家唯一的羊，把羊血塗在門上，半夜我被一陣哭聲驚醒——克西大嬸在哭，她的孩子死了，巷子外也有好多人在哭……天還沒亮，法老王的命令下來了：「腰間束上帶子，腳上穿上鞋子，希伯來人全給我滾出城去！」

爸爸和媽媽扛著行李，我拉著妹妹，就這樣跟著摩西走了三天，經過沙地，爬過高山，最後來到這片海灘。

海上沒有船，耶和華沒派船在這裡接我們。

「過不了海，法老的軍隊追來了怎麼辦？」

為了這事，大家都去找摩西，問他船何時會來？

摩西說：「時候到了，你們就知道了。」我們等了又等，白雲沒變成帆船，海風沒變成風帆，而埃及的士兵來了。

都是摩西。

好多人都在罵他：「都是你，我們在埃及當個安穩的奴隸，不好嗎？」

「騙我們爭取什麼自由。」

「沒命了，還要什麼自由啊？」

「難道在埃及沒有墳地，眼巴巴跑來這裡找死？」

戰車隆隆響著，戰馬奔騰嘶鳴著，我感覺埃及士兵的長刀已經架在我的脖子上……他們來了，來了！我緊摟著妹妹，準備用手中的木杖跟他們拚命。來了，來了，他們的戰車衝下坡道！這時，摩西站到一塊岩石上，他舉起手中的枴杖，剎那間，海上吹起一陣巨風，風強到幾乎快把樹颳上天了，許多埃及戰車滾下山坡，風呼啦啦的吹著，吹呀吹呀，我的眼睛都快睜不開了，那風把海從中間吹向兩旁，海水竟然退去，露出乾巴巴的地面。

「耶和華的神蹟！」爸爸喊著，我急忙帶著妹妹往前跑。

「士兵……士兵……」我回頭看了一眼，這地面太軟，他們的戰車追上來，卻陷入海底泥地，他們的盔甲太重，即使跳下戰車，也立刻被泥沙掩住，根本爬不起來。我和妹妹一直跑一直跑，兩旁被風吹成高牆似的海，裡頭有幾條魚在盯著我。

他們好像也在喊：「快跑，快跑。」

我們就這樣一直跑，一直跑，直到最後一個希伯來人跑上了岸，嘩啦一聲，海水落回海底，那波濤洶湧的海面，彷彿什麼事也沒發生過。

但我知道，都是摩西，讓一切都不一樣了。

希伯來人的英雄

摩西是希伯來人的領袖，他出生時，埃及法老王正下令殺死該族男嬰，母親把他放在草筐中隨河水漂流，幸好被埃及公主收養，取名摩西，意思是「從水裡撈起來的」。

摩西一生中，前四十年在法老王皇宮中生活，第二個四十年住在米甸，因為他殺了一個欺壓希伯來人的埃及人，於是逃亡至米甸。最後的四十年，他回到埃及，全心帶領以色列人，離開埃及的奴役生活。

在聖經中，有不少與摩西相關的紀錄與故事，可見其重要性。在聖經故事中，埃及王法老處處刁難以色列人，因此神借摩西之手施行神蹟，降災給埃及人，像是將河水變成血水、塵土變成虱子、牲畜染上瘟疫、冰雹毀掉農田等。原先法老王答應讓以色列人離開埃及，但是當災害漸漸過去時，他又反悔了，因此才有埃及士兵追著以色列人、摩西分紅海的故事。

度過紅海後，以色列百姓沒有水喝，一次次向摩西發出怨言，摩西便向神祈求，解決問題。摩西帶著以色列人繞行曠野四十年，經歷許多難題後，最終才抵達他們得以安居立命的迦南美地。

實驗NG英雄篇

這樣也算英雄？

8 阿基里斯的祕密

你知道我們的身體有一些部位
是以神話中的天神或英雄的名字命名的嗎？
像是眼睛中的虹膜（Iris），
就是用希臘的彩虹女神愛麗絲的名字命名；
在靠近後腳根的地方，
也有個以希臘第一勇士命名的部位……

阿基網路新知快報　https://Achilles.com

在剛結束的ＮＢＡ總冠軍賽裡，由勇士隊出戰暴龍隊，當時大家都看好勇士隊能擊敗暴龍隊，完成連拿三次冠軍的壯舉。

沒想到，來到最關鍵的一戰，他們的主力球員，綽號「死神」的杜蘭特竟然在運球過人時，不慎扭斷了阿基里斯腱，這一斷，不但斷送了勇士隊的冠軍夢，也讓他往後的球員生涯蒙上一層陰影——古往今來，有多少知名運動選手就是倒在「阿基里斯腱」之下啊！

讀到這邊，你有沒有很好奇，什麼是阿基里斯腱呢？

說到阿基里斯腱，我們得先談談誰是「阿基里斯」。

阿基里斯來自希臘神話，他是希臘神話裡的戰神，他的父親是人類的國王，母親是海洋女神忒提斯，這樣半人半神的英雄，在希臘神話裡很多，這本書裡還有海克力斯和特修斯的故事，他們也都擁有人類與天神的血統。

因為阿基里斯並不是百分之百的天神，無法擁有希臘天神那樣超凡入聖、刀槍不入的身體，他的母親愛他，一生下他，就抓著他的腳踝，把他浸到聖河裡，因為只要被聖河浸泡過的地方，從此就能不怕任何攻擊。

果然，長大後的阿基里斯，擁有金剛不壞之身，任何的弓箭刀槍都無法傷害他。阿基里斯被喻為希臘最偉大的英雄，因為他驍勇善戰，為希臘立下不少偉大的功勳。在阿基里斯的字典裡，只有勝利與榮耀，失敗、挫折等字詞和他沒有關係。

然而，特洛伊戰爭改變了一切。

這場大戰，全因為希臘有個美女皇后，她太美了，特洛伊的小王子帕里斯竟然把她劫走，希臘人的面子掛不住，國王點起戰火，投入所有的士兵，發誓要討回這口氣。

希臘人的戰神阿基里斯也奉命：一定要把皇后救回來。一向戰無不勝的阿基里斯，攻打特洛伊時，經過九年苦戰，還是攻不破特洛伊的城門。

幸好，希臘大軍最後還是想到了方法，先假裝失敗撤退，在海灘上留下一匹巨大的木馬。以為已經打勝仗的特洛伊人，興高采烈的把木馬推回城裡當作戰利品。經過一夜狂歡，特洛伊人都睡著了，而躲在木馬肚子裡的希臘士兵，悄悄推開木馬的暗門出來，打開城門，趁著夜半終於攻下特洛伊，然而不幸的事也發生了，帕里斯逃亡時，回頭一箭射中阿基里斯的腳踝。

偉大的英雄，半人半神的阿基里斯竟然就死了。

等等，怎麼回事？

阿基里斯浸過聖河的水啊！

喔，雖然阿基里斯有金剛不壞之身，但就只有腳踝不是刀槍不入。原來當年他的母親忒提斯抓著他的腳踝浸到聖河裡時，全身幾乎都浸泡到了聖河水，就只有被抓著的腳踝沒泡到水。

因此，腳踝是阿基里斯的致命傷。

喔哦，阿基里斯的罩門，在你我身上也有喔，它就在小腿與腳踝後側肌肉的主要肌腱，這是人體中最強健的肌腱，被命名為「阿基里斯腱」，又稱為跟腱。前面的NBA死神杜蘭特就是這裡受了傷，能不能完全復原，還真要看運氣了。

由於阿基里斯腱連接小腿肌肉到腳跟，因此無論是要彎曲小腿或是活動腳底板，都與阿基里斯腱有關。

平時，不管你是跑步還是走路，都會用到阿基里斯腱，然而，一旦過度使用或是不小心讓肌腱承受過大的壓力或突然增加運動的強度與時間，這時你的阿基里斯腱就會發炎。

阿基里斯腱發炎時，可能會有下列的情況：

1 早晨起床覺得阿基里斯腱附近很僵硬，並有疼痛感

2 走路、趕車之後覺得小腿下方到腳後跟的位置越來越痛

3 運動後隔天覺得小腿下方非常疼痛

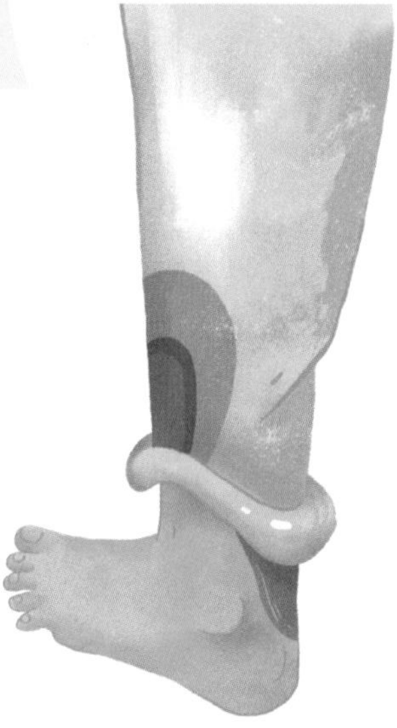

4 總覺得小腿下方很緊

5 小腿下方變腫，活動後腫塊越明顯

要是你有以上列出的感覺，就要小心是不是阿基里斯腱發炎了！一般阿基里斯腱發炎時，醫生會開口服的消炎止痛藥給病患，並加入復健療程，大約要三個月到半年的時間，人體才會自行修補恢復正常，但是如果阿基里斯腱斷裂的話，就必須打石膏固定或是動手術縫合。

想讓阿基里斯腱好好幫你工作，最好的預防方法就是運動前先做足暖身拉筋，並且不要過度劇烈運動，除此之外，選擇一雙好鞋也是預防阿基里斯腱發炎的好方法呢！

連戰神和死神都會擔心自己的阿基里斯腱，我們只是凡人，更要保護好自己的阿基里斯腱，它才會好好幫你工作，讓你天天健健康康。

希臘第一勇士

希臘神話中，有不少英雄，不過其中有一位被稱為「希臘第一勇士」，戰無不勝，攻無不克的大英雄，他就是阿基里斯。他是海洋女神忒提斯與色薩利國王佩琉斯的兒子，具有半神血統。忒提斯希望兒子也能長生不老，所以一出生就把他放進聖河裡洗禮。

由於被母親抓住的腳踝沒有沾到聖水，因而成為阿基里斯致命的缺點，除此之外，阿基里斯全身近乎刀槍不入，更有著超越凡人的智慧與強大力量，只要由他指揮作戰，希臘聯軍就能贏得戰役，當然，前提是別被敵人知道阿基里斯的弱點。

雖然這個弱點最終仍舊成為阿基里斯致命的原因。不過，在希臘神話故事中，阿基里斯從小就聽過預言，知道自己會在特洛伊戰爭喪命，他的母親也曾告訴他，只要他回家，不參與戰事，就可以避開厄運，但他仍舊選擇參戰。雖然他知道會喪命，但也知道這場戰爭會為他帶來榮譽，更會讓他成為傳說中的英雄，因此，也就不惜犧牲生命，慷慨赴戰場了。

9 老兵英雄與死神

在俄羅斯傳說中，有個老兵英雄和其他的英雄不太一樣。
他不是因為剷除妖魔鬼怪而成為英雄，
也不是靠保衛國家成名，
但他膽敢和鬼打交道，甚至戲弄死神……
究竟他做了什麼事情呢？

一個老兵服役多年，離開軍隊時，除了背包，兩手空空。他沒地方去，回家途中經過一個城鎮，聽說那裡有間鬼屋沒人敢住，自願去住一晚。不過屋主不肯，怕他被鬼害死。

「俄羅斯大兵水裡淹不死，火裡燒不死，抓隻小鬼算什麼！」老兵說。

屋主怎麼勸他都沒用，只好說：「你需要什麼，儘管到我店裡拿。」

老兵拿了蠟燭照明，拿炒熟的栗子和烤過的蘿蔔當晚餐。

午夜鐘聲剛敲完，鬼屋裡的門砰砰響，地板吱吱軋軋，一個小

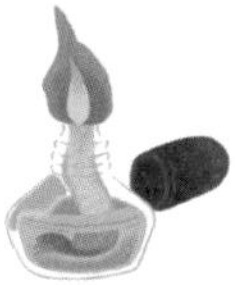

鬼發現他：「這裡有人，大家都來！」

瞬間，大鬼、小鬼、老鬼聚在門口齊聲大叫：

「撕碎他！吃掉他！」

「先別吹牛了！」老兵說，「我當這麼久的兵，比你們厲害的鬼都見過，你們能用手把石頭捏出汁嗎？」

一個小鬼試著捏鵝卵石，把石頭捏成粉了，卻捏不出汁。

「我的石頭比你大。」老兵拿出那根烤蘿蔔，用手擠一擠，擠出不少蘿蔔汁。

鬼沒見過這麼厲害的人，便問他：「你一直在咬什麼？」

「栗子。」老兵把手中的子彈丟給他們，「你們也來吃吃。」

鬼嚼不爛子彈，卻看著老兵把栗子一顆顆扔進嘴裡嚼，這下子他們服氣了。

老兵突然想到一件事：「聽說你們能變大變小，再小的縫隙也能鑽進去嗎？」

「當然！」

「我可不信，你們這麼多個，能全部都鑽進我的背包嗎？」

為了證明，大鬼、小鬼、老鬼爭先恐後撲向背包，霎時，屋裡

一個鬼也不剩了，老兵用皮帶緊緊捆住背包，再用扣環扣牢，這才拿出磚頭死命的打。

「砰砰砰！砰砰砰！」

「別打了！別打了！」大鬼、小鬼、老鬼哀嚎著：「給你買命錢，請你放了我們！」

「記住，跟俄羅斯大兵較量，你們只會打敗仗！」老兵留著老鬼，把其他小鬼全放了：「你們把買命錢送來，我再放他。」

一轉眼，一個小鬼拿了個舊背囊來：「買命錢來了。」

老兵打開舊背囊，裡頭什麼也沒有，他拿著磚頭又要打老鬼，老鬼在背包裡喊：「我的大兵大老爺，這是個神奇的背囊，你想要什麼，它就會出現什麼；你想裝什麼，只要喊句『鑽進去』，無論是什麼都會裝進去。」

老兵半信半疑朝背囊喊著要一瓶酒，背囊裡果然出現一瓶酒；他朝樹上麻雀喊聲「鑽進來」，那隻麻雀就掉進去。

於是士兵放了老鬼，快樂的回到故鄉。他見到自己的母親，解開背囊，和母親吃了餐豐盛的晚餐，然後從背囊裡拿出金塊銀塊，買牛、買馬、買大屋，最後還娶了太太。

過了幾年，老兵生了重病，死神在他床前說：「當兵的，準備

走吧。」

「你再讓我活三十年吧！等兒子娶媳婦，女兒也出嫁，那時你再來吧！」

「當兵的，再活三分鐘也不行啊。」

老兵不願意死，他冷不防拉出背囊，喊了聲：「鑽進去！」話才一出口，他馬上覺得身體舒服多了，低頭一看，死神已經蹲在背囊裡了。

老兵紮住背囊口，跳下床，切了片麵包，撒了鹽，吃完後，他完全恢復了健康。

「你這沒鼻子沒臉的傢伙，」老兵對著背囊說：「和你好好商量你不肯，現在你滿意了嗎？」

「你想怎麼樣？」

「我雖然捨不得這個背囊，可是沒法子，只好把你連它一同埋進爛泥裡。」

「當兵的，放我出來。照你的意思，讓你再活三十年。」

老兵說：「往後這些年，你不許害人，我就放你出來。」

「這個我辦不到。」

「好吧，未來三十年，你就待在爛泥裡吧。」

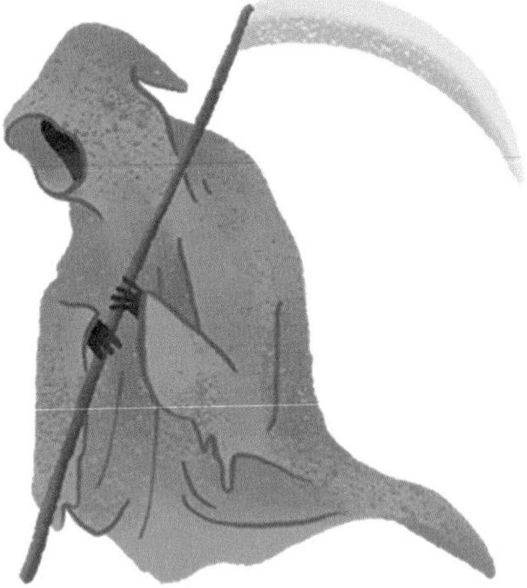

「照你說的吧，」死神答應：「從此之後三十年，你們這兒，我誰也不害！」

從此，村裡的人家不生病，也沒人死亡。

三十年後，老兵的子女長大了，娶的娶，嫁的嫁，老兵生活忙碌，沒空想死神。可他沒空想死神，死神卻記得牢牢的，三十年後那天，死神準時來到。

「當兵的，走吧，我是來接你的。」

老兵正在餵牛，眼看大難臨頭，他急忙把手上的飼料袋一揚：

「你想念這只背囊，又想到爛泥裡去了吧？」

死神一看到空袋子，以為是那只神奇的背囊，嚇得逃之夭夭，再也不敢來，即使想抓他們村莊裡的人，也不敢光明正大的出現。

而那個俄羅斯老兵，據說直到現在，他依然活著呢。

凡人也可以成為大英雄

很多傳說故事的主角都是士兵，像是格林童話、安徒生童話都有士兵的蹤跡。這些士兵久經沙場，回家時，除了一身傷痛，什麼也沒剩。但真的是這樣嗎？

故事中的俄羅斯老兵可牢牢記得一件事：「俄羅斯大兵水裡來火裡去，什麼都不怕！」所以除了上戰場保衛國家，他更敢進鬼屋去打鬼；不但打了鬼，還跟死神作戰，甚至讓村莊的人三十年內無病無痛，也沒有任何人死亡，成了保衛村莊的另類英雄。

死神在每個地方都很厲害，但遇到這個連槍都沒有的老兵，竟然被他關進舊背囊裡求饒！即便多年以後，死神面對這位老兵，仍舊被一只空袋子嚇得倉皇逃走。

神話裡的英雄多半都有天神的血統或是有神奇魔力，但這個大兵讓我們學會一件事：只要有勇敢與機智，就算是普通凡人，一樣可以是英雄。

10 猴界英雄研究報告

說到猴界英雄，你第一個想到的會是誰呢？
應該是陪著玄奘上西天取經的孫悟空吧！
不過，在印度神話中，還有一隻猴子神通更廣大，
他的事蹟也讓他名列英雄寶座……
猴界英雄到底誰厲害？就來看這份報告吧！

研究者：可能小學四年愛班　謝平安

我讀過《西遊記》，裡頭最厲害的是齊天大聖孫悟空，他吸收了日月精華，從一顆石頭裡蹦出來後，還學會七十二般變化；他擁有一朵筋斗雲，翻個筋斗就能到十萬八千里外，他的武器是金箍棒，大鬧天宮沒人比得過……

我原本以為孫悟空已經是猴子界的超級英雄了，但是社會課時，老師介紹了似乎更厲害的「哈奴曼」。老師說孫悟空去西天取經，但哈奴曼卻本來就住在西天，他的法力也很高強，而且成名時

間比孫悟空還早，說不定孫悟空的祖先就是哈奴曼呢。因此，我決定去研究哈奴曼的身世，看看到底哈奴曼有沒有比孫悟空厲害？

找尋的資料：

1. 維基百科：我用Google大神，找到維基百科網站，裡頭介紹哈奴曼——他來自印度史詩《羅摩衍那》中的神猴，擁有四張臉和八隻手。

2. 印度神話：爸爸帶我去市立圖書館找參考書，在印度神話《羅摩的歷險》中也有哈奴曼的故事。

3. 網路上的資料：我在網路上找到哈奴曼的圖片。

哈奴曼的英勇故事：

哈奴曼是風神之子，他的尾巴奇長無比，除了能飛、能說人話，還有厲害的武器「虎頭金棍」。羅摩王子的太太悉多被惡魔擄走，哈奴曼來幫忙。他一步就飛過大海到錫蘭，探聽到悉多王后的下落後，又跨海飛回去，立刻把訊息告訴羅摩王，最後帶著大批的猴子軍團，打敗惡魔，救回悉多王后。

孫悟空和哈奴曼的比較：

角色／項目	原型	出生	個性
孫悟空 	金絲猴	從東海傲來國花果山的大石頭中蹦出來。	曾經大鬧天宮，個性比較叛逆，唐三藏念緊箍咒時才會聽話。
哈奴曼 	長葉猴	風神之子，一出生以為太陽能吃，差點把太陽當成零食吃掉。	對羅摩王十分忠誠。

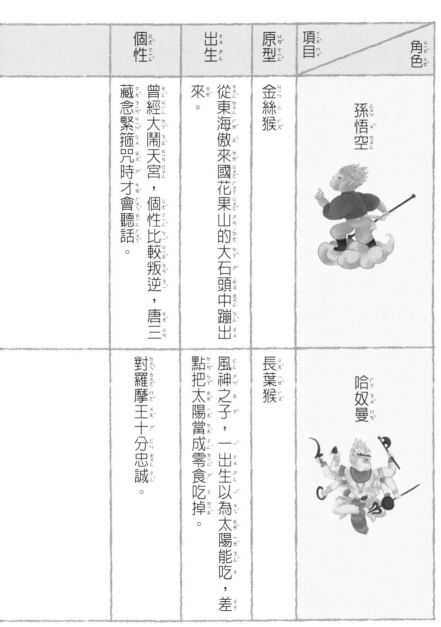

特徵	法術	任務	武器	飛行
和普通猴子一樣，他的紅屁股和長尾巴都藏在人類的衣服裡。	為了學習法術，跟著虛菩提祖師學了十年，學會七十二變，在煉丹爐裡練就火眼金睛，能一眼辨認出妖怪。	勇敢機智，能騰雲駕霧，大鬧天宮、地府，打敗西遊路上妖怪，最後幫助唐三藏取回真經。	如意金箍棒。	筋斗雲，翻一次能前進十萬八千里。
四張臉八隻手，尾巴特別長，能點火做成火尾巴攻擊敵人，也能用尾巴把王宮圍住，保護大家。	太陽似的眼睛，能辨識妖魔，放射萬道金光，變化多端。	勇敢機敏，能騰雲駕霧，火燒楞伽宮，去喜馬拉雅山盜仙草，終於幫助羅摩國王征服強敵，救出王后悉多。	虎頭如意金棍。	因為是風神之子，出生時即可飛行，一眨眼就能到他想去的地方。

研究心得：

查資料時，我發現一件有趣的事，很多人都認為孫悟空的創作靈感來自於哈奴曼。他們認為，印度的神話流傳的時間比《西遊記》還要早，而且兩個角色的原型都是猴子，一樣都是法力無邊，勇敢機智，不怕妖魔鬼怪，所以孫悟空的靈感應該來自哈奴曼。

但是，也有另一派人認為，孫悟空和哈奴曼外型根本不像。這個爭論聽說已經持續很久了，直到目前為止，還是找不到答案。

不過，要是讓我來選擇，我比較喜歡哈奴曼，理由有三個：

首先，哈奴曼的武力與孫悟空幾乎不相上下，但他不用筋斗雲就能一躍千里遠，想去哪裡，幾乎眨個眼睛就到了；只要將他的武器虎頭金棍插在地裡，妖魔不敢接近，長長的尾巴一捲，立刻能把屋子保護好，想攻擊敵人時，把尾巴點上火，立刻變成沒有惡魔敢靠近的火鞭；他用有如太陽般的眼睛可以辨出惡魔，身體變大變小也很容易，力氣大得能搬動整座山太強了。

再來哈奴曼的品性很好，對猴王很忠心。讀完書中哈奴曼的故事後，我發現，雖然猴王的武力沒哈奴曼高，但只要是猴王的命令，哈奴曼都會遵守，像是猴王讓他幫忙羅摩王子，他接了命令就貫徹到底，不像孫悟空，成天想大鬧天宮，還想要把玉皇大帝換下來；在取經路上，孫悟空也時常頂撞師父，一天到晚欺負他的師弟，所以光品性這點，哈奴曼就比孫悟空強。

最後，哈奴曼很信守承諾，他承諾要救回王后，即使中間發生許多災難，他都沒有喪氣；王子的弟弟受了傷，他奉命去取藥，眼看時間來不及，哈奴曼就把整座山扛回來，順利完成任務，隨機應變來解決問題這一點，也很讓我佩服呢。

孫悟空先是大鬧天宮，後來被鎮在五指山下五百年，這才改了脾氣，保護唐僧去西天取經，沿路降妖伏魔，讓我佩服；哈奴曼似乎一出生就是大英雄，一躍千里，棒打魔邪，王子有難，立刻出發，從不喊難。

兩隻猴子都是大英雄，但孫悟空還要用金箍圈才能制得住，比較起來，我還是比較喜歡哈奴曼一些。

印度猴子英雄哈奴曼

哈奴曼出現在印度神話《羅摩傳》裡，他是風神之子，小時候就能從地上飛上天庭，只是太頑皮了，被天帝用閃電擊落，摔壞了下巴，所以「哈奴曼」的字義是——摔壞下巴。

哈奴曼幫羅摩王子救王后，與羅剎王爭鬥。他的武器是虎頭金棍，可以噴火，身體能任意變大變小，還能變成小蟲子鑽進人的肚子裡，尾巴還能化成火鞭。對了，他的力量還可以搬動山峰，兩眼一睜，善神惡神立刻辨得分明。

神通廣大的哈奴曼卻不因此自大，反而效忠國王及王子，除了出手解救王妃悉多外，他也曾飛到西馬拉雅山取藥草救治受傷的士兵，更對印度三大神祇十分尊敬，甚至為了表達自己的忠心，因而撕開自己的胸口。這種忠心耿耿、義勇及慈悲的形象，讓很多印度人都喜歡他呢！

11 我不是英雄

在古希臘的英雄故事中，有位英雄曾剷除強盜，
還自願獻祭，解救雅典的百姓，
他與獻祭場中的牛頭怪人戰鬥的場面更是激烈！
只是，在完成了各種英雄事蹟後，
他卻自認不是英雄，為什麼？
有請特修斯說明白！

請別叫我英雄。

真的。拜託。

前些日子，我才知道：我是雅典國王愛琴斯的兒子，這個祕密隱藏多年。國王把信物用巨石壓著，那是一把寶劍和一雙鞋。明白自己的身世後，為了證明我是真王子，我穿上鞋，帶著寶劍去雅典。母親想讓我搭船去，她說陸地上壞蛋多。

「我想效法表哥，不怕危險！」我說。

海克力斯是個大力士，也是我的表哥，我要跟他一樣！

「遇到壞人，我會把他們除掉，這才像愛琴斯的兒子啊！」沒想

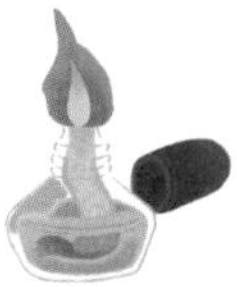

到，一路上真的有不少壞人。

第一個大盜叫做「鐵棒手」，習慣用鐵棒襲人，但我把他的鐵棒搶來，一棒把他敲扁了；第二個大盜外號「扳樹賊」，他能用兩手就把大樹扳下來，還把倒楣的旅人綁在上頭，再突然放手，樹梢猛力向上彈去，當場把人撕兩半。面對惡人該怎麼做就怎麼做，所以我也讓大樹把他撕兩半。

第三個無惡不作的大盜「斯喀戎」，喜歡抓人幫他洗腳，再趁人分心時，一腳把人踢進大海，我如法炮製，也把他踢進海裡。第四個大盜「鐵床匪」隨身帶張床，喜歡把人抓來跟床量一量，人比床長，他就把人鋸短，比床短就把人拉長，所以我也把他綁在床上，至於我是鋸他還是拉他……這祕密，我不會告訴你。

總之，還沒走到雅典，很多人都知道我了，但我父親當然不知道我是他兒子，還派人邀我進皇宮參加晚宴。我沒告訴他我的身世，是他認出寶劍和我腳上的鞋。

我們重逢的事，傳遍大街小巷，百姓們知道了，卻咒罵著：「國王與兒子相認，我們卻得送自己的孩子給怪物吃，太不公平了。」

原來，克里特島上有個牛頭怪人米諾陶，他吃人，克里特國王米諾斯建了座迷宮把他困住，每九年就要求雅典送七對童男童女去

餵牛頭人。

雅典人敢說「不」嗎？

沒辦法，他們打不過克里特，從此雅典每九年就有孩子要遭殃。當我回到雅典時，九年的進貢期又到了，雅典城裡有孩子的人家都必須參加抽籤，被抽中的就得把孩子送給米諾陶。大家都以為我有特權，不用去……但我跳上城牆，告訴大家：「我去。」

「孩子，去了是死路一條呀。」父親求我別去，我安慰他：「我一定會制服牛頭怪人，回來時會在船上掛著象徵戰勝的白帆。」

「但如果失敗了……」

「那就掛黑帆吧。」

我們揚帆出發，來到克里特島。米諾斯想羞辱我們，要我們在克里特人面前走一圈，而他坐在寶座上指指點點。幸好有走這一圈，因為米諾斯的女兒雅瑞安妮也坐在上頭，她有個方法能帶我們逃出迷宮，但前提是：「你願意娶我為妻，把我帶回雅典嗎？」雅瑞安妮很漂亮，我答應了。

公主說，要離開迷宮不難，只要帶一球線團，把線頭綁在迷宮大門，邊走邊放線，不管走得再遠，也能找到出來的路。方法真簡單，以前卻沒人想出來。我用這方法找到米諾陶，那是一場惡戰，他的力氣極大，但我的身手靈敏，我和他大戰數百回合，這才除掉他，最後再依著線團，把雅典的童男童女帶出迷宮。

我終於可以回家了。

來時路，我心情緊張沉重，但回程時，大家都平安，我還多了雅瑞安妮陪伴。海上風浪很大，雅瑞安妮坐不慣船，她臉色蒼白，渾身乏力，或許是諸神不想讓她離開克里特島，船還沒回到雅典，她便去世了。

想到這麼美麗的公主，我的心就揪在一起，我落淚，我思念她，結果，竟然忘了把船上的黑帆換掉。當船終於接近雅典時，我才終於想起行前和父親的約定，但一切都來不及了，我們才剛把黑帆拉下來，雅典的海邊已經落下一個人影。

那是我的父親啊。

所以，請別再叫我英雄。

一場征戰，我失去了妻子和父親，我怎麼能算是英雄呢？

愛琴海邊的悲傷英雄

在希臘神話中，特修斯幫過伊底帕斯，也曾幫助阿德拉斯托斯埋葬攻打忒拜的七勇士，英雄事蹟受人尊敬。特修斯小時候與母親一起生活，直到長大後，才在母親的囑咐下前往雅典尋找自己的生父。

他回雅典的路上，還除掉許多惡名昭彰的強盜，到了雅典，與父親相認後，他為了幫助人民，因此決定闖入米諾斯迷宮。米諾斯的迷宮起因於米諾斯捨不得將一頭好看的公牛獻祭給海神波賽頓，波賽頓得知後，一氣之下，讓米諾斯的妻子生下與公牛的孩子——一隻牛頭人身的怪物米諾陶。米諾斯只好建造了一座迷宮，將這個牛頭人身的孩子關在裡頭，並命令雅典人必須獻祭童男童女給怪物食用。

不過特修斯卻大破迷宮，戰勝牛頭人。只是，在特修斯回雅典的路上，忘了掛上白帆，導致他的父親愛琴斯在悲痛之餘，竟落海身亡。現在的「愛琴海」，就是為了紀念這個悲傷的父親而命名。

12 在美術展遇到伊希斯

伊希斯，埃及神話中的女神，
她同時也是掌管健康、婚姻與愛的天神，
更是保護死者不受惡靈入侵的守護者。
她守護著自己的家庭與家人，多次克服困難，
找回丈夫及為孩子堅忍犧牲的模樣……
真的是一位母親英雄呢！

「你看見他了嗎？」

小傑在展覽室裡，突然聽見有人問：「你看見他了嗎？」

這是可能小學的畢業美展，他趕在放學前來看展覽，除了他，沒別人，怎麼有說話聲？整個畢業美展裡，充滿了埃及的各種元素，可能小學的學生，利用牛皮紙糊的金字塔，瓦楞紙做的神廟，還有從天花板上垂吊下來的大型布畫。

那是埃及的神像——

鷹首人身的荷魯斯。

豺頭人身的塞特。

胡狼頭的阿努比斯……

走在裡頭，就像走進古代的埃及。

神奇的是，從那個用壁報紙糊出來的金字塔裡，竟然走出一個裝扮「很埃及」的阿姨——她戴著埃及女人的假髮，穿著一身米白長袍，眼睛畫了煙燻妝，對了，她手裡拿著奇怪的手杖，神情悲悽的問小傑：「你看見他了嗎？」

「看見誰？」

「歐西里斯，他是我先生。」

小傑是個小學生，喜歡埃及金字塔、木乃伊，但是，他哪知道什麼歐西里斯？

「他是埃及最偉大的君王，我找他找了很多年。」

「法老王？」小傑猜眼前的阿姨一定是學校老師假扮的：「你是誰啊？這個『歐以西以』又怎麼了？」

「我是伊希斯。」她的口氣激動了起來：「是歐西里斯！他有一個壞弟弟塞特，全埃及最壞的壞蛋，假裝要送他一件斗蓬，還說要幫他量尺寸，訂做豪華的金櫃子，騙歐西里斯躺進去，然後就把他和櫃子一起扔進尼羅河。」

這故事很精采，但小傑卻找到漏洞：「如果『歐以西以』是最有智慧的法老王，他為什麼沒發現壞人的計謀？」

伊希斯提高音量：「是『歐西里斯』！他信任塞特，毫無防備的躺進金櫃子，塞特的手下立刻用釘子釘，用鐵鍊捆，把它扔進尼羅河。我沿著尼羅河，從上游找到下游，我天天找，年年找。大家一直勸說：『即使找回來，人也死了。』可是我就是不願放棄。」

「那你還繼續找嗎？」小傑說。

聽了這句話，伊希斯笑了：「想找就找得到，尼羅河附近人家都說，金櫃被一棵白楊木攔住，白楊木把它包起來，長成一棵參天大樹，被做成皇宮的柱子了。」

小傑建議她：「你應該把柱子鋸下來。」

「有點難，但我能辦到。」她拍著手中突然出現的娃娃說：「我扮成保姆，進皇宮日日夜夜照顧小王子，小王子生病了，我不眠不休的把他照顧得很好，王后和國王同情我，他們終於同意砍倒柱子，取出金櫃，救出我的歐西里斯。」

神奇的事發生了，這間空空盪盪的教室裡，隨著她的話，景象一幕幕出現——先是出現宏偉的皇宮，巨柱上裝飾美麗的圖案。幾十個士兵正在鋸下一根巨柱。

一個華麗的長櫃被他們挖出來。

長櫃打開……

「那裡面是你的歐以西以……?」小傑問。

「是『歐西里斯』，有偉大的拉神幫忙，他復活了，我們逃到野外，過了幾年好日子。」

此時教室突然變成尼羅河畔，遠方有金字塔，沙漠離他們很近。伊西絲和歐西里斯在那裡耕種、打獵，兩人臉上露出幸福的笑容，伊希斯手中抱著一個剛出生的孩子。

「這是……」

「荷魯斯。」那個阿姨輕輕拍著手裡的娃娃，四周又恢復成畢業美術展的樣子。

小傑知道荷魯斯，他看過有幅畫上就畫著鳥頭人身的荷魯斯。

「那你現在怎麼沒跟歐以西以在一起呢？」

伊希斯再次糾正他：「是歐西里斯。歐西里斯又不見了，你看見他了嗎？」

「沒有，這裡沒有別人。」

小傑笑了，他笑自己差點兒就被

眼前的老師給騙了：「阿姨，你是可能小學新來的老師嗎？還是志工媽媽？」

伊希斯搖搖頭：「他去打獵了，好多天都沒回來，你真的沒看見他嗎？我擔心塞特又把他抓走了……」

「哇哇哇……」伊希斯懷裡不知什麼時候換成另一個在哭泣的娃娃，小傑發現那是一個真娃娃。

「這裡沒有，我去別的地方找找，不管他在哪裡，我們一定能團圓的。」伊希斯走進金字塔，娃娃的哭聲越來越小聲，就像她越走越遠似的。

「阿姨，別演了，放學了啦，你可以下班了。」小傑跟著走進金字塔，只是裡頭空盪盪的，除了一幅壁畫——有個貴氣的女人，抱著娃娃。那是畢業班同學畫的圖啊，那……那個「很埃及」的阿姨去哪兒了呢？

妻子與母親英雄伊希斯

伊希斯來自埃及神話，她的丈夫歐西里斯是法老王。

歐西里斯的弟弟塞特野心大，用金櫃把哥哥關了起來，還把櫃子丟入尼羅河中。傷心欲絕的伊希斯沿著河岸尋找多年，才終於找回金櫃，讓丈夫復活，並生下荷魯斯。

邪惡的塞特知道後，再次用計毒害歐西里斯，並殘忍的把他分成十四塊，分散送到各地。可憐的伊希斯只好再次踏上尋夫的旅程。

不過，憑藉著想要尋回丈夫遺體的堅定信心，伊希斯想方設法，終於找回丈夫的身體，但這次雖找回丈夫，卻無法再讓他回到人間，於是歐西里斯成了冥王。而伊希斯的人生戰鬥還沒有結束，在她的幫助下，兒子荷魯斯最終戰勝了塞特，她還在千鈞一髮之際，幫荷魯斯拔下中毒的手臂，並換上自己的手臂，並讓眾神譴責塞特，也讓荷魯斯順利繼承王位。

身為妻子與母親的角色，為家人拚命奮鬥，誰說她不是英雄呢？

13 嘩啦啦夫人談星：獅子座是怎麼來的？

希臘神話中有個大力士——海克力斯，
他是個半人半神英雄。
嬰兒時期，就可以徒手殺死兩條爬進搖籃裡的毒蛇。
力大無窮的他接受英雄試煉，四處為民除害，
除去危害世界的怪獸。
有個星座的由來便與他的英雄試煉有關……

獅子座運勢（7月23日至8月22日）

綜合運勢：本週的運勢飆升，人際關係極佳，信賴與互助是下週課題。情感與事業一帆風順，沒幸福的壓力，有學業的動力。

學生族：學習運佳，考試「歐趴」！

打工族：老闆賞識，客戶「尬意」，做什麼像什麼，沒有什麼不滿意。

愛情族：想結婚趁本週，沒女朋友先去喝碗粥。

紅色警報日：無

吉星高照日：每天

開運方位：你的座位都對位

哎呀哎呀，時間咻一下，又到了嘩啦啦夫人的談星也談心時間，先來點掌聲鼓勵。今天要說說獅子座是怎麼來的，當然，它絕對不是從動物園跑出來的喲（嘻嘻）。說正經的，獅子座的由來牽涉到希臘神話裡的大力士——海克力斯，他的父親是天神宙斯，母親是人間公主阿爾克墨涅。

宙斯的太太是天后赫拉，赫拉醋罈子特別重，知道老公又有新情人，她氣得地動天搖，山翻地覆，所以海克力斯一出生，阿爾克墨涅公主怕惹麻煩，竟然把他扔到野外去。

還好，剛出生的嬰兒受到諸神的保佑，赫拉在不知情之下，見他可愛，還餵他喝奶。海克力斯從娃娃開始就力大無窮，吸奶的力氣比拉動大卡車還要大，他這一吸，讓赫拉疼死了，她疼得把海克力斯往地上一丟，幸好他在半空中被眾神接住，並送回去給親生母親阿爾克墨涅撫養。

喝過赫拉乳汁的小嬰兒，力氣更大，頭腦更聰明。赫拉後來知道真相後，就變出兩條毒蛇想除掉他。毒蛇爬上搖籃，小嬰兒海克力斯兩手一扯，用力一捏，兩條蛇全被這個小嬰兒捏死了。

小小年紀殺死毒蛇，大家都說這孩子將來必有一番成就。果然，後來他幫宙斯除掉巨人族，完成十二項任務，成了希臘神話裡的大英雄。十二項任務裡，頭一項就是要對付巨獅。巨獅住在森林裡，凶悍無比，凡間武器奈何不了牠，有人說，牠是從月亮掉下來的；有人說，這頭巨獅是巨人和蛇妖生的兒子……海克力斯一點也不怕，他瞄準巨獅，拉開弓，射了一箭。他的箭能射穿巨人，然而碰到巨獅，卻像碰到岩石，軟弱無力的掉了下來。

怎麼辦？巨獅衝過來了，海克力斯連忙砍倒一棵橄欖樹，將樹幹削成棍棒，舉起木棒猛力擊向巨獅，這一棒擊中牠的脖子，巨獅落到地上，卻還想跳起來，海克力斯立刻衝上去，死命抱住獅子的脖子，勒緊巨獅的喉嚨，直到牠斷了氣為止……

這隻高大威猛的巨獸有一身漂亮的毛皮，海克拉斯想把牠的毛皮剝下來做鎧甲，可是巨獅的皮很堅硬，就連海克力斯的神力也拿牠沒有辦法。還好，海克力斯發現巨獅的爪子十分鋒利，便用牠的爪子割開獅皮，並用這張奇異的獅皮做了一件鎧甲和頭盔——這樣的裝扮從此成了海克力斯的標誌，不管去哪裡，大家都認得出來。

而那隻死掉的獅子並沒有被人忘記，天后赫拉把牠放到天空，成為十二星座中的獅子座。

獅子座的你，知道自己的星座怎麼來了嗎？

嘩啦啦夫人談星也談心，下週見囉。

希臘神話中的無敵大力士英雄

海克力斯，也有人寫作「赫克力士」，是希臘神話裡最偉大的半神英雄。他的父親是宙斯，母親則是人間的公主。出生後，曾被宙斯的太太——天后赫拉餵過奶，當時還是嬰兒的海克力斯力氣卻很大，他一吸奶就讓赫拉痛得把他推開，潑灑出來的奶汁飛濺到天空中，成了銀河，落入山谷的則變成百合花。

赫拉因為痛恨宙斯的情人與孩子，所以她詛咒海克力斯，讓他犯下滔天大罪——誤殺自己的妻子與兒子，海克力斯因此必須完成十二項任務來贖罪。懊悔的海克力斯無奈只得完成任務，洗清自己的罪孽。雖然是因為贖罪開始的任務，不過他陸續除去了凶暴的獅子、九頭蛇妖、怪鳥、地獄三頭犬等，也為希臘除去了許多怪物。力大無窮的他，也被借名，成了昆蟲界力氣也很大的「海克力斯長戟大兜蟲」的名字。

14 太陽和月亮被偷走了

芬蘭的第一個人類維內莫寧，有人稱他為詩歌之神，
有人說他是世界萬物誕生的中心，
土地因為他而有了種子，開啟了各種生命的繁衍。
據說，他的歌聲能戰勝邪惡，
也能引來想要的東西……
究竟，維內莫寧是怎樣的英雄呢？

孩子，被子蓋好，爺爺說個睡前故事給你聽，好不好？

那一年，太陽和月亮被隔壁的波約那女王給偷走，並藏起來。

你問為什麼？

那是因為維內莫寧的歌聲太好聽了，有仙女送他三根金頭髮，他把金髮做成琴弦彈彈唱唱，歌聲美得讓太陽月亮忍不住也來聽，愛嫉妒的女王，就把它們全都藏起來了。

沒人知道太陽和月亮被藏在哪裡，而且，女王連家家戶戶的爐火也都拿走了。大地變成一片冰冷，人們在黑夜裡發抖，眾神之父捨不得人們受難，於是他用寶劍敲出一個小火團，本來想讓空氣女

神再造個太陽和月亮，沒想到，小火團卻掉到地上，不見了。

乖孫啊，你閉上眼睛，爺爺告訴你：還好有個維內莫寧，他和鐵匠哥哥，出發去找眾神之父送的小火團。他們走了很久，來到河邊，砍下大樹，鑿成小船，划到河中央，遇到了空氣女神。

女神知道火團的訊息，她說：「火團掉下來，燒掉茅屋，燒焦領主的鬍鬚，經過田野，燒毀麥田和牧場，最後滾進阿魯湖，燒得湖水沸騰。有條鱒魚忍痛吞了它，但是火團燙得牠翻滾，後來鮭魚可憐牠，又把牠吞下肚，這下子換鮭魚肚子痛，最後是好心的白斑狗魚來幫忙。這團火在白斑狗魚肚子裡繼續燃燒，現在，沒人知道該怎麼辦。」

兩兄弟一聽，把亞麻種子種在湖邊，它一夜長大。他們用亞麻做成一張漁網捕魚，只是他們捕到鱸魚、鯉魚，卻捕不到白斑狗魚。乖孫啊，別笑，爺爺說的是真的。維內莫寧朝著阿魯湖喊：「湖王，請你拿根棍子，把湖底的魚趕進我們的網。」湖面立刻掀起層層波浪，湖王砍下冷杉，在湖裏趕魚，魚群全都游進魚網，兩兄弟拉起網，找到那條白斑狗魚。

「維內莫寧那時沒有工具，你猜猜他怎麼把火團拿出來？」

嘿，被你猜對了，眾神之父從雲裡丟下一把金柄銀刃的刀，維

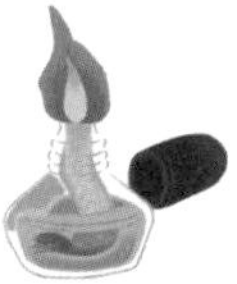

內莫寧就用這把刀割開魚肚，取出一條閃閃發亮的鮭魚，再打開鮭魚的肚子，看見那條虹鱒；虹鱒的肚子裡有顆紅球，他們剝開紅球，終於找到那個小火團。

小火團很頑皮，它跳出維內莫寧的手，燒了他的鬍子，又燒毀一座森林，最後躲進深淵。維內莫寧唱著歌哄他：

「小火團，回人間，
不要淘氣別貪玩。
樺木柴是你的大餐，
你的光能穿透黑暗，

你的熱能傳來溫暖，
黑夜不再孤單，
火焰成了笑聲與人們的伙伴。」

他的歌聲讓小火團著迷了，維內莫寧把握機會用力一抓，把它帶回村裡，火團劈劈啪啪響，家家戶戶都有了溫暖。只是，太陽和月亮依然不見蹤影，田裡麥子結成冰，人們在長夜凍得像冰淇淋。

維內莫寧的哥哥是鐵匠，他用鐵塊打造了一個太陽掛在樹上，又用銅片敲個月亮放屋頂，但這樣的太陽和月亮不會發光。不過維內莫寧有方法，他砍下樹枝，根據樹枝的方位，發現月亮和太陽被

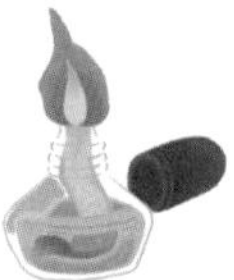

藏在鋼山。鋼山有巨龍把守，維內莫寧殺死巨龍，發現裡頭還有一道堅固的鋼門。維內莫寧請哥哥打造斧頭和鐵鏈，他要用斧頭把鋼門劈開。

鏗鏗鏘鏘，鐵錘在鉆子上發出可怕的巨響，女王嚇得發慌，她變成一隻灰鷹，停在鐵匠鋪窗前問：「鐵匠，你在忙什麼？」

「我打斧頭劈鋼門，再給女王打鐵鏈，把她捆在岩石上，大家才有好日子過。」

女王一聽嚇壞了，立刻釋放了太陽和月亮，你瞧，現在外頭的月亮和太陽就是這麼回來的。

乖孫啊，你別睡嘛，爺爺還會唱維內莫寧的歌喔——

「歡迎你，月亮！

歡迎你，太陽！

我們好長時間沒有見到你們了。

你們終於像春天的燕子一樣重新回來，

大地終於呈現一片翠綠。」

乖孫啊，你真的睡著了呀？唉，我還沒告訴你，為什麼我會知道這故事，因為當年那條鐵鍊就是爺爺打的呀，想當年啊……

芬蘭的第一位人類

這篇故事來自芬蘭神話，芬蘭雖然也在北歐，但他的神話故事，主要來自《卡勒瓦拉》的民族史詩。

透過這本書，我們知道芬蘭人相信天地間住著無數人類看不見的存在，這些存在可以是神明、精靈、巨人或小矮人。

《卡勒瓦拉》的主角是維內莫寧，他是最初的女神伊爾瑪塔之子，因為維內莫寧在母親的肚子裡待了七百三十年，這實在太悶了，所以維內莫寧向太陽、月亮和大熊星座祈禱後，才順利離開母親的肚子，跳入水中，成為世界的第一個人，也因此，他一出生時就擁有幾百年的智慧。

在很多傳說中，維內莫寧總以白鬍子老人的形象出現，更特別的是，他擁有強大而具有魔力的聲音，能讓對手跌入沼澤中，也能利用歌聲獲得所需，所以也被描述為「永恆的吟遊詩人」。四處旅行的維內莫寧經歷了許多精采的冒險故事，前面這個「尋找太陽和月亮」的故事，就來自維內莫寧其中一次冒險。

超級「○○」英雄篇

下一個英雄就是你

15 諾丁漢射箭大賽現場實況轉播

你聽過俠盜羅賓漢嗎？
傳說中他與一群志同道合的綠林好漢，
勇於抗爭不公義的事情，打擊惡霸。
聽說他的射箭技術十分高超，
還創下了不可思議的紀錄……

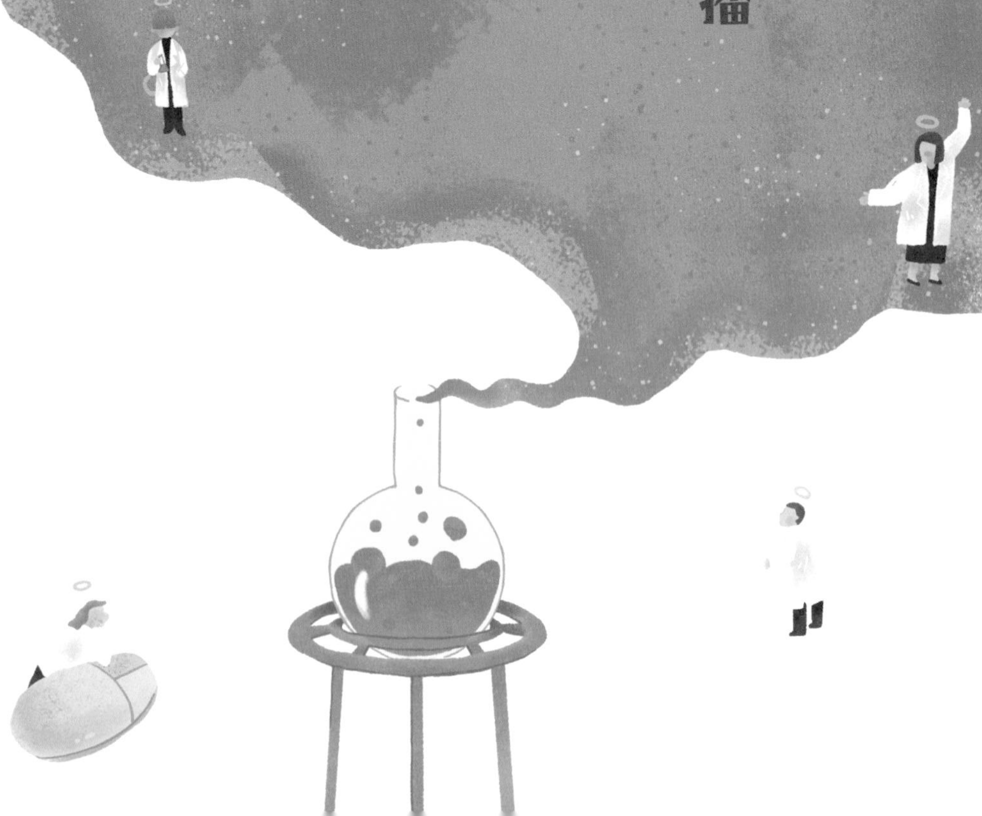

各位諾丁漢的好朋友，感謝大家在聖彼得節這天，參加郡主蓋衣爵士舉辦的射箭大賽！

小編現在位於諾丁頓射箭大賽的現場……今天風和日麗，天空飄著雲，現場萬人空巷，往這裡的路上，塞滿了馬車，這是有史以來，諾丁漢郡最熱鬧的時刻。我們將隨時為您帶來第一手的訪問及精彩的直播報導。

現在大家在畫面上看到的是——蓋衣爵士將提供給今天的比賽第一名的射手一枝特製的箭，它是純銀箭桿及純金箭簇製作而成，目前正展示在比賽看臺上。這支不凡的箭，將由郡主大人親自頒獎。

在剛舉辦完的頭盤比賽，一百一十碼的射程，共有一百名射手參賽，只有二十二人進入複賽；而第二盤的複賽，二百二十碼的箭靶射完後，目前只剩下兩位選手進入決賽。

各位淑女、紳士們，決賽馬上就要開始了！

啊，郡主的號角吹響了，大家屏氣凝神，這麼緊張的時候……

那邊的孩子，請把你的狗帶走或是綁好；這邊的淑女，別用帽子擋住我的視線……現在的比賽變成三百三十碼，改為由馬車拖著的移動箭靶，這……有人射得到嗎？

第一位是咱們諾丁漢郡的騎士隊長，他的箭術在諾丁漢鼎鼎有名，隊長的金髮在風裡飄動，他瞇眼看了看前方，然後，哇，第一箭射出去，它飛得又高又遠，又高又……可惜沒中。沒問題的，沒問題的，剛才風太大，隊長重新瞄準，屏氣凝神，這箭又出去了，它又高又遠、又高又遠，嘩，隊長射中標靶的外圍。

我們給他用力的鼓掌！騎士隊長有高貴的血統，從他祖父時代就是諾丁漢郡主的侍衛，現在，第三箭又來了，隊長快速拉開弓，手臂完全不抖，射出去了，這枝箭……直接命中靶心。

來來來，用力給他掌聲加尖叫！

隊長射下這麼好的成績，現在，他的下一位挑戰者一定有很大

的壓力。

各位好朋友，大家先別笑，旁邊那位淑女別笑得花枝亂顫。這一位參賽者，大家別看他樣子其貌不揚，其實名字也很普普通通，叫什麼比因河暗，你看他衣服破破爛爛的，他拿的弓，咦，這位其貌不揚先生竟然不拿長弓，改拿短弓，這是玩具弓呀？

難道其貌不揚先生要放棄了嗎？用那麼小的弓，是能射到哪兒呢？

先生女士們，大家忍住笑容，把肚子

捧好，他拉弓瞄準……

　　哇，他的箭直接射裂了隊長的箭，然後他又……他又連射兩箭，天哪！天哪！天哪！各位觀眾，您看見了沒有？看見了沒有？連續三箭，全射在同一個地方，把前兩枝箭給劈開，您說，英國有史以來，還有誰比他厲害？我相信，他絕對不是什麼其貌不揚先生，這個人一定是「羅賓漢」！

　　沒錯沒錯，請看其貌不揚先生，

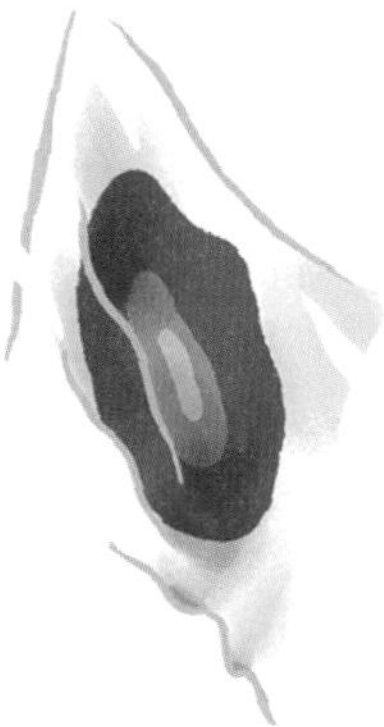

他現在脫掉外頭的破爛大衣，揭掉那頂難看的毛帽，露出底下綠色的衣服——真的是羅賓漢！各位，這位打家劫舍的盜匪，竟然敢公然到郡主的領地來，他不知道今天這場比賽，就是為了抓他而舉辦的！郡主大人早已布下天羅地網，看啊！士兵全衝出來了，羅賓漢竟然還好意思笑？各位知道吧，他躲在雪伍德森林裡，整天攔劫郡主大人辛苦收來的稅金……咦？他的身邊跑出好多綠衣人，天啊！這些人全是盜匪，快快快，快把他們抓起來，統統抓起來……

唉呀，羅賓漢竟然朝我跑過來，他想怎……

「你想怎樣？」

（一陣雜音……）

「各位諾丁漢的朋友，我是羅賓漢，我和雪伍德的朋友來參加射箭比賽，順便要告訴郡主，別再收那麼重的稅金了，不然，我們會繼續劫富濟貧，把你收的稅金還給老百姓喲！哇，有更多士兵們過來了，小約翰、維爾，我們撤！」

（一陣雜音……）

神射手羅賓漢

羅賓漢是英國民間傳說中的英雄人物，是出現在大約十三世紀時劫富濟貧的俠盜英雄。他出場時，總是頭戴著插了羽毛的帽子，身穿著綠色上衣。他是個神射手，擁有高超的箭術，百發百中。

據說在十字軍東征的時候，英國的國王被俘，留在國內的約翰王子想趁機篡位，而與王子狼狽為奸的諾丁漢郡長也趁機強占忠於國王陣營的羅賓漢家領地。羅賓漢以雪伍德森林為大本營，聯合小約翰、溫裏奧等人，領導農民組成義軍，並劫富濟貧，最終成功救回國王，粉碎了約翰王子等人的陰謀。羅賓漢勇於挑戰威權，以智慧對抗貴族，更因此受到人民愛戴。

羅賓漢的故事不但很常被作家當作素材，更多次被改編為動畫與電影，下次看到影片的話，不妨也仔細瞧瞧他英勇的模樣喔！

16 夸父一步幾公里？

夸父追日的故事耳熟能詳，
不過，你知道夸父如果要追上太陽，
到底要跑多快才行呢？
夸父為什麼要追著太陽跑？他算是英雄嗎？
快往下一探究竟囉！

很久很久以前

月亮裡住著兔子，山上有著巨人族

夸父是巨人裡的巨人，英雄裡的英雄

那一天太陽剛從山谷起床

夸父生出一個瘋狂的念頭：

「你說，我能不能追到你？」

太陽笑得差點兒掉到田裡：

「想追我，不容易！

你得跑贏地球自轉的速度。」

夸父問：

「什麼是速度？什麼是自轉？」

太陽是個好老師：

「赤道一圈四萬公里，

地球自轉一圈二十四小時，

四萬公里除以二十四。

哇，

你一小時得跑 1666 公里，

一分鐘要跑 26.66 公里，

如果是一秒嘛……

哦！你一秒要跑444公尺。」

夸父從來不懂數學換算的公式
當然也不知道自己一步幾公里

但是
他奔跑的速度
被神話評為有史以來最高等級
咚咚咚　夸父用腳板丈量大地

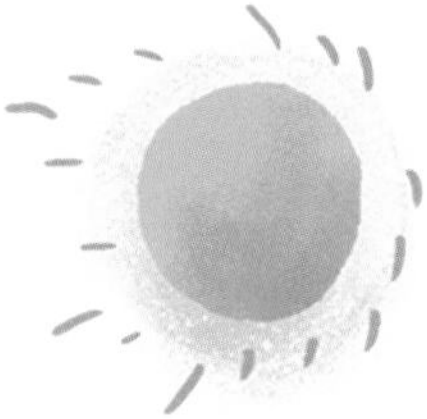

咚咚咚　他的呼吸化成颱風侵襲
滾燙的陽光　燒烤巨人的額頭
夸父灑落的汗水　每一步都是鹹味
在口乾與舌燥之間
沿路每條河都成了啦啦隊
奉上嘩啦啦的掌聲
獻上涼冰冰的甘泉
高山低頭讓路
攔不住巨人疲憊的速度

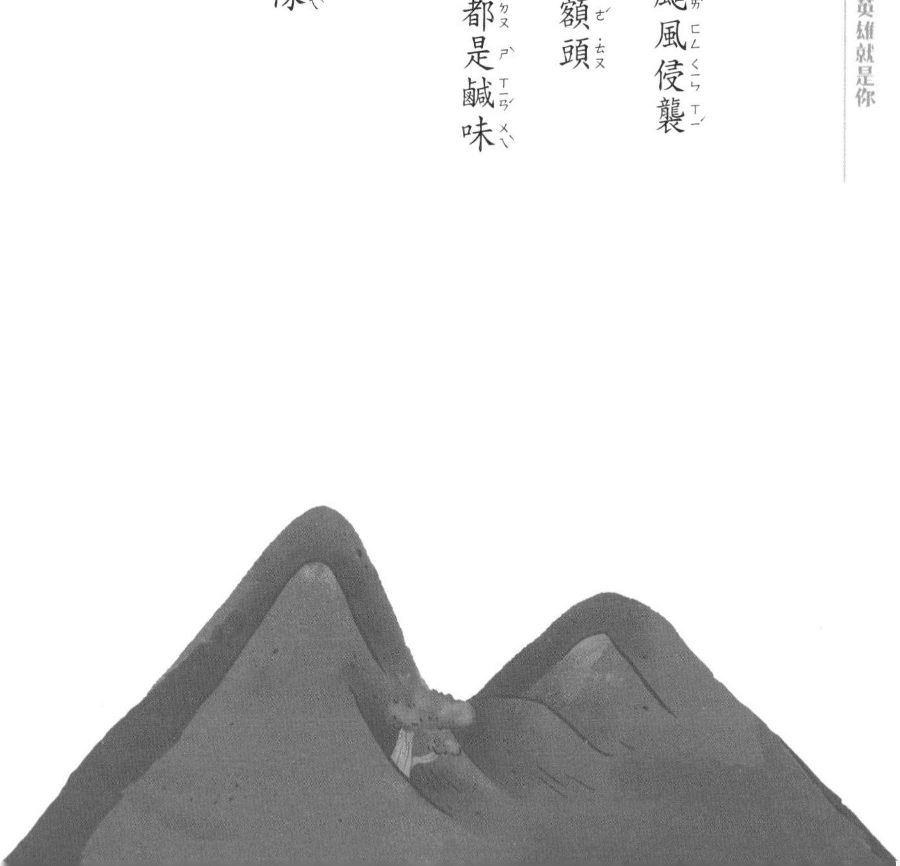

一步兩步

越跑　越　慢

他的身體在抗議：

「警告警告，我們要休息。」

「再等一下，讓我追上他。」

他強忍全身劇痛

勉強再跨一步　又一步

一個踉蹌　終於倒地不起

化成了森林無數

化成了自然萬物
而太陽 還在遠遠的前方
嘆口氣：
「你用雙腳在黃泥書頁寫下自己的故事，
很了不起，很偉大。
但是，我是太陽，
住在漆黑的宇宙，
你就算變成瘋狂倉鼠，
繞著地球一直轉圈圈，

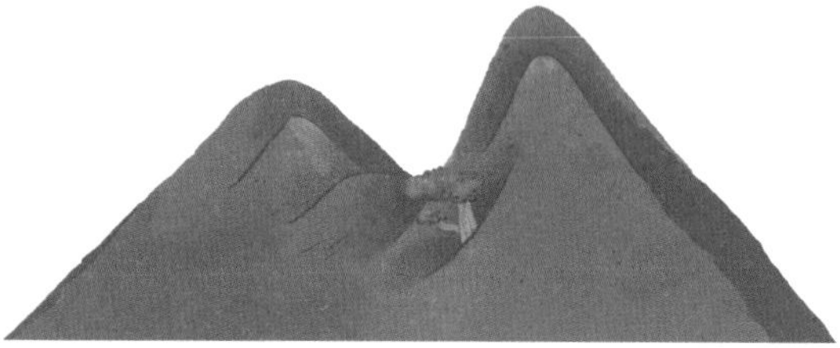

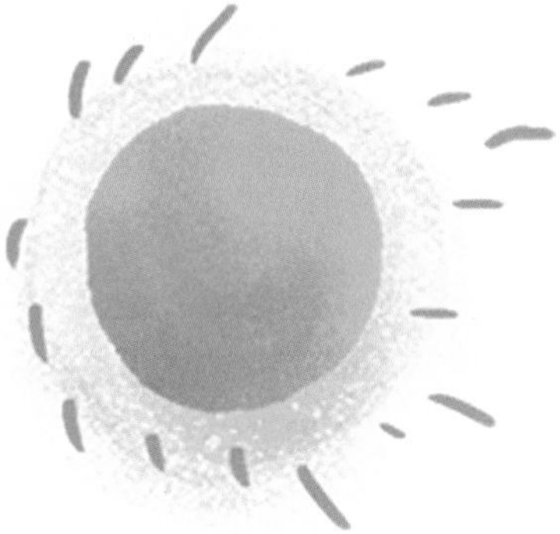

沒有火箭與太空裝，
你要怎麼來追我？」

想征服大自然的英雄

夸父是中國神話中的人物，在《山海經》中曾出現過，有傳說他是炎帝的後代，或說他是巨人族的首領。巨人族住在很高的山上，個個身材高大，熱心腸，力氣也大，而夸父的身材又特別高大。有天他生出一個念頭，想要跟太陽比賽跑。

但是不管夸父怎麼追趕，他總追不上太陽，跑得又渴又累的夸父，喝光了黃河、渭水仍然不夠，他又往北邊沼澤去找水喝，卻不幸渴死在途中。

他隨身的手杖棄置在地上，後來長出了一片桃林，為來來往往的旅客遮蔭；他的身體也變成一座大山。有人覺得他不自量力，也有人說夸父無所畏懼，憑著自己的信念勇往直前。你覺得夸父算是英雄嗎？

17 洪水急，我們更急！

在現代，工程師能運用各種精密儀器測量、繪製設計圖，為河川或是地形製作整治計畫。

不過在距今四千年前，沒有工具、沒有精密儀器的時代，中國卻有一個治水的英雄，犧牲自己，為人民帶來新生活……

【職稱】：治水總司令

【工作地點】：需至外地出差

【工作內容】：1.管理水患

2.搶救人命

【休假制度】：治好洪水後，週休七日

【條件要求】：對治水有熱忱，修讀水利工程的熱血少年、青年或老年人，有經驗者尤佳

【待遇】：薪資面議

【連絡人】：水利先生 MRwater@hero.com 0919995995

這則徵才啟事，貼滿大街小巷，但突如其來的大洪水，它們說來就來，人們還來不及看布告，水就漫上河堤，沖垮田園，堅固的城牆被推倒了，溫暖的住宅被水沖走了，人們只能往山上跑。

腳程慢的人，被洪水帶走；幸運的人，爬上了山，但是山上的溫度低，也沒食物吃，不是被凍死就是餓死。僥倖逃脫、保留性命的人，找到山洞躲起來，那裡不怕雨勢大，洞裡的溫度也沒那麼低，想想真是太幸運了。但是，剛這麼想，山洞裡頭傳來一聲吼。

是老虎？還是花豹？

對呀，山上的猛獸也怕大洪水，牠們躲在山裡一樣要吃飯。現在，滿山遍野都是人，於是，第一屆人與動物賽跑正式開始，跑得快的動物有獎品——免費人類吃到飽，老虎、花豹多開心，天天都有大餐可以打牙祭。

可憐兮兮的人們，一方面要躲洪水，一方面要避野獸，這時候，他們只能抬頭仰望，用最謙卑的聲音祈禱：「玉帝呀玉帝，您張張眼，看看我們的處境，我們該怎麼辦？」

玉帝高高在上，他忙著享樂，沒空往地上看一眼。

即使真的看了一眼，玉帝和大地離得那麼遠，他也看不清這些螞蟻一般的人們正在遭殃受難。於是另一張告示又被貼了出來……

【職稱】：治水專家

【工作地點】：哪裡有災情就要去哪裡

【工作內容】：救水、救人、救人

【條件要求】：體力好、吃苦耐勞

【待遇】：月薪六萬兩

【連絡人】：水利先生 MRwater@hero.com 0919995995

大街小巷的徵才啟事，多半沉入水裡或被沖進大海。

除了一張被風吹上了天，就那麼巧，有一隻手接住它，啊，是鯀。

鯀是個小小的天神，他在天庭裡的地位不高，但是他了解人們的心聲，便悄悄拜託神鳥去偷「息壤」。息壤是一種神奇的土壤，看起來小小的，但是把它往地上一丟，遇水就能變大，它能變成大山擋住洪水。只是息壤雖然小，分量卻很重，鯀急忙再派神龜去馱它，有了神龜來幫忙，息壤終於能在大地安置，洪水立刻被擋住了。

沒想到天帝知道這件事，生氣了，他派火神殺掉鯀，還把息壤收回去。

於是，洪水繼續危害人間，又有新的告示貼了出來。

【職稱】：治水高手

【工作地點】：鬧水災的地方就是你的辦公室

【工作內容】：讓水乖一點

【條件要求】：有決心讓自己和其他人活下來

【待遇】：月薪十二萬兩

【連絡人】：水利先生 MRwater@hero.com 0919995995

活著的人忙著活命，沒人知道該拿洪水怎麼辦，告示貼了又貼，卻再也沒人出馬。人們的痛苦，沒人聽得見。

直到三年後，發生一件神奇的事，死了三年的鯀，肚子突然裂開，跳出一個小小孩，這小小孩見風就長大了，他是天神「禹」。禹出生後，鯀化成一條魚游走了。

禹沒見過徵才啟事，但是，他好像就是為了治水而生。他沒上天庭去求玉帝，而是帶著人們治理水患，他們殺死引起水災的妖魔，洪水不再從山裡下來了；然而大地上，還有大量的水無處可去，禹和他的屬下開始疏通河道，把河道疏通，洪水就有地方去。

天上的眾神知道了，紛紛下凡助他一臂之力。

河神送他一幅河圖，讓他治水有依據。曾經幫鯀運送息壤的神龜也來幫忙，牠的力氣大，挖出來的泥砂全靠牠運輸。治水工程最困難的地方在龍門，龍門特別窄，河水被困住了無處去，大禹帶著大家花了五年的時間，終於鑿出一個豁口，哇，豁口一鑿好，河水開心了，它們推推攘攘，歡暢的往下游流去。

治水那幾年，大禹三次經過家門都沒空進去，時間一天天過去，釀成大災的大水找到出口，河道漸漸安靜了，河流漸漸溫馴了，往自己該走的地方去，人們終於能重建家園，過著數千年安居樂業的生活。但今天這場恐怖的大雨……該找誰來治呢？

急徵治水救星！

【條件要求】：就是你！

【待遇】：能把水患治好，月薪隨便你開

【連絡人】：水利先生 MRwater@hero.com 0919995995

註：洪水不等人，但我們在等你，只要你是治水人才，歡迎前來報名，有機會成為禹的同事！相信你也能跟禹一樣，「留名青史」喔！

超級治水英雄

鯀和禹的治水故事來自中國神話，故事說是很久以前，黃河氾濫造成水患，鯀和禹父子二人被任命負責治水。

鯀和禹治水的方法不同，鯀看到哪裡有洪水，他就拿著息壤把水堵住，水被堵得沒地方跑，最後越淹越高，釀成更大的災禍；禹則採用疏通的方法治水，哪裡有水災，他就把那裡的河川疏導開來，洪水就有地方去。

大禹治水花了十三年，三次經過家門口都沒時間進去，終於把水治理好後，人們尊稱他為「大禹」，謝謝有他這樣的治水英雄，為了眾人的生命安全而犧牲自己。在中國各地更建有許多禹帝廟或大禹廟，以紀念禹治水的功績。

傳說中，大禹是夏朝開國國君，並將天下規劃為九州，制定各地管理辦法。不過，由於目前並沒有文物遺跡可以證明夏朝是否存在，因而大禹治水究竟是神話或歷史，尚未有定論。

18 想當國王嗎？只要這一招！

不列顛王國最富傳奇色彩的偉大國王非亞瑟王莫屬，
他年紀輕輕拔出石中劍，成為國王，
更曾殺死巨人與怪獸，成立圓桌武士，
並帶著他們出生入死，四處戰鬥，擴展版圖。
究竟亞瑟王是如何成為不列顛英雄呢？

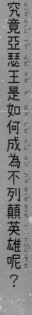

親愛的觀眾，謝謝大家在聖誕這天收看倫敦星球電視的直播，我是記者大塊豆腐，目前記者所在的位置正是倫敦大教堂外頭的墓園區。

我們可以從畫面中看到，昨天晚上開始，大教堂外頭就已經人山人海，大家在平安夜的歌聲裡齊聚一堂，讚頌聖誕節的來臨，然而在祈福儀式結束後，記者經過可靠線人通報後，發現教堂附設墓園有一塊長型巨石，上頭插了一把鋒利的長劍。

更稀奇的是——巨石上刻了一行金色的字：

「能將此劍從石頭上取出的人，便是英國真正的國王。」

「這是見證奇蹟的時刻！」一個名叫梅林的巫師，對著臺下經過的人喊了一句。

當時，本臺記者立刻把消息播報出去，結果連同倫敦大主教在內，一共來了二百六十五個人，他們都想知道自己會不會是英國未來的國王。

本臺記者大塊豆腐也在人龍裡，心想：「如果我能拔出長劍，那我就是真正的英國國王，再也不用在這淒風苦雨的夜晚，待在這鳥不拉屎、雞不生蛋的地方播報新聞啊！」結果啊結果，連同記者大塊豆腐以及大主教在內，兩百六十五個人使盡吃奶的力氣，卻沒人能撼動這把長劍一絲一毫。

於是，梅林巫師特別借用本新聞臺，緊急發布一則訊息：「英國的人們啊，千萬別喪氣，上帝一定會把未來的國王帶來此地，請大家幫忙傳達這個消息，在新年那天，我們將在墓園將舉辦一場拔劍大會，我會派出十位武士守在這裡，保護這塊石頭和寶劍。」

現在，各位透過電視臺鏡頭應該都看到訊息了吧？全國各地的武士騎著快馬趕來倫敦，在教堂前排起了看不見盡頭的人龍，臉上

表情自信滿滿，他們一個個抬頭挺胸上場。

結果，一個一個垂頭喪氣的下來。

還好還好，各位，現在輪到英國知名度最高的一皮無敵武士登場了！現場響起如雷的掌聲，如果有人能拔出那根石中劍，那一定是一皮無敵，他的身高足足有兩公尺，他的武器是一根比兩公尺還要高出一大截的鐵鎚！

哇，一皮無敵把那根鐵鎚揮舞得虎虎生風，簡直像在玩一根牙籤嘛，一皮無敵走上前，然後揮舞雙手，大家瘋狂的叫著、跳著，他輕輕一拔，長劍動也不動，他用力的拔，長劍還是不動，他憤怒的大吼一聲，像是長毛象般的吼聲，震掉了幾個淑女的帽子，然後這麼一拔……

那把長劍……各位都看見了吧？那把長劍還在石頭裡呀。

趁著大家看熱鬧的時候，記者先來吃個早餐吧，如果連一皮無敵都拔不出劍，那還有誰有辦法呢？

哇，什麼味道這麼香，是炸魚攤啊，賣炸魚的是我的老朋友布找玲女士：「布找玲，來一份炸魚吧，我要炸得酥一點，喂……」

奇怪了，布找玲突然推開我，跑到教堂墓園，發生什麼事了？

難道有人把劍拔出來了吧？

唉呀，人太多了，我得爬到樹上去，各位，看到了吧，一個瘦小的金髮男孩站在臺上，手裡拿著那把長劍，那孩子看起來不到十歲啊，他是怎麼做到的？

「我……我就這樣一拔……」

大主教正在臺上問他：「孩子，你叫什麼名字？」

「亞瑟，我叫亞瑟。」

「國王，英國的國王！」梅林巫師在臺下喊著，全場數千個武士，高舉著武器也跟著吼了起來。

「國王，亞瑟是英國的國王。」

各位，這樣激動人心的時刻，本臺記者也決定帶著麥克風，跟著亞瑟腳步，隨時將他對付那些入侵敵人的畫面好好轉播給各位觀眾收看。

好啦，以上的報導，來自大塊豆腐貼身觀察調查，所有的消息都是第一手的見聞，亞瑟未來將會怎樣？你一定很好奇！別忘了按讚、分享、開啟小鈴鐺，就能持續收到最新的消息喔。

大不列顛永恆的希望

十二世紀時，英國有很多吟遊詩人，他們口耳相傳著亞瑟王的傳說。

據說，亞瑟王在少年時代拔出了石中劍——只要擁有這把具精靈魔力的王者之劍，就擁有了統治不列顛的神奇力量，後來這把劍也幫助他在眾多戰役裡，取得勝利。

他被眾騎士推舉為王，騎士們聽從亞瑟王的指揮，趕走入侵的敵人，保衛了王國的和平。

傳說中，亞瑟王曾經在爭鬥中不小心折斷石中劍，幸好有養育他長大的梅林出手，才得以逃過一劫。劍折斷了，因而無法戰鬥的亞瑟王在湖邊遇到了湖中女神，並收到了王者之劍。據說王者之劍雖然威力強大，但是它的劍鞘比劍本身更重要。配戴劍鞘的人將永不受傷，不過亞瑟王因故失去了劍鞘，也導致了他最後上戰場受傷。

亞瑟王是英國人民的希望，他們堅信著，萬一大不列顛哪一天有難，亞瑟王一定還會出現，為他們而戰！

19

一出生就被綁架的「嬰」雄

不得了了，半人半蠍的怪獸斯基培爾來了！

他是負責看管黑暗世界入口的惡神，

竟然爬上人間，偷走天神剛出生的兒子——佩龍。

他還偷了佩龍的姊妹，想讓她們照顧娃娃……

到手了！
好不容易偷來了天神的兒子，這下天神一定急得跳腳！嘻嘻……
我斯基培爾真是個天才！
嗯……
嗚……
哇哇哇
吵死了！這樣下去，還沒整到天神，我的耳膜會先壞掉……
哇哇哇～
哇哇～
哇～
啊！有了！

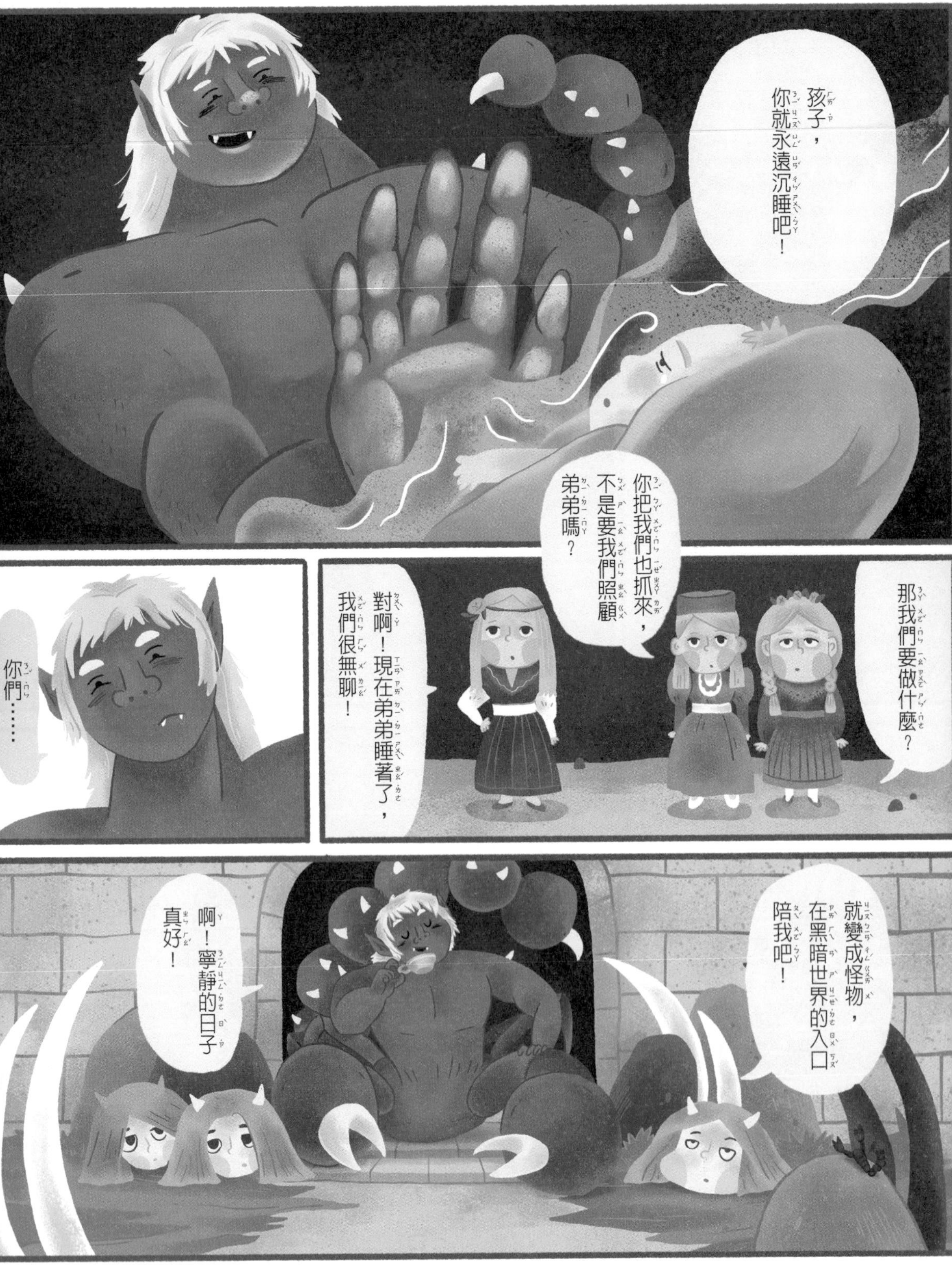
孩子，你就永遠沉睡吧！
你把我們也抓來，不是要我們照顧弟弟嗎？
那我們要做什麼？
對啊！現在弟弟睡著了，我們很無聊！
你們……
就變成怪物，在黑暗世界的入口陪我吧！
啊！寧靜的日子真好！

誰膽子這麼大，竟敢偷走我的女兒和兒子？你們三個，去把弟弟妹妹找回來！
佩龍、妹妹們，再忍耐一下，哥哥們馬上就過去！
是的，父親！

天神的另外三個兒子擁有神力，他們變成了未卜先知鳥，飛上天空，四處尋找弟弟妹妹們的下落。

沉睡的娃娃不會說話，變成毛髮怪的妹妹們也答不出話，但是黑暗世界入口好像有誰躲了起來？三個哥哥覺得奇怪，他們飛近一看，發現是斯基培爾。

未卜先知鳥具有洞察一切的能力，他們潛入黑漆漆的地底，悄悄溜進伸手不見五指的通道，終於在最深最暗的地底，找到沉睡中的佩龍。他們發現佩龍長大了！睡了一

覺就能長大？沒錯啊，你聽現在很多媽媽唱搖籃曲，都是這麼唱的啊：「囝仔囝仔靜靜睡，一暝長一寸。」

沒錯吧，人間嬰兒如果一夜能長大一寸，那佩龍是斯拉夫的未來雷神，睡個覺就長大，一點也不奇怪。總之，佩龍長大了，但他的記憶卻被封住，根本醒不來，真不知道照這速度下去，他第二天會不會變成一個白髮老公公？

還好，三隻未卜先知鳥找了聖水，並用聖水幫佩龍洗了個澡。佩龍醒了，記憶也回來了，這個娃娃的記憶當然只有一件事：「那隻討厭的怪獸綁架我，還綁架我的姊姊們。」

佩龍是天神的兒子，駕著公牛拉的兩輪戰車，千里迢迢的去找怪獸斯基培爾報仇。路上有很多怪獸要對付，斯基培爾雖然笨，但他的朋友也不少，他們都想攔住佩龍，但佩龍是斯拉夫的雷神，一手持著盾牌，一手拿著鐵斧，鐵斧一擲出去後就會自動飛回來，逢妖除妖，遇魔降魔，最後終於找到被變成怪物的姊姊們，他把姊姊們從魔法中解救出來，繼續往前走，找到了怪獸斯基培爾，展開兩人之間的大戰。

這場戰爭，持續了很久，最後佩龍抓住斯基培爾，把他高高舉起來，朝地上一摔，那一摔把地上震出一個大洞，斯基培爾因此被大地之母給吞噬了。從此，被讚揚為偉大的英雄雷神佩龍，留下許多離奇的故事，但一出生就被綁架，睡個覺馬上長大的事，還真只有他才有呢。

睡完覺就長大的英雄

斯拉夫民族是分布於東歐和中歐地區，以斯拉夫語為主要語言。他們的神話故事與北歐神話有些類似，也有許多掌管不同自然景象的神祇，像是季節、日、月、狩獵、種子等，各自有不同的天神掌管。在斯拉夫民族接受基督教洗禮之前，他們所信奉的就是斯拉夫神話中的神明。其中佩龍是斯拉夫神話裡的雷神，同時也掌管「戰爭」和「鍛鍊」，因此古代斯拉夫軍人作戰前都會祭拜佩龍，以祈求作戰勝利。

佩龍是一個有銅鬍子的男神，暴躁又健壯，由公羊拉著的二輪戰車是他的坐駕，他的斧頭可以斬殺惡人或邪靈，擲出之後，永遠會自動回到他手上。

天上為什麼有閃雷雷鳴？斯拉夫人認為，那是佩龍正用帶火的箭射殺惡魔，所以才有雷鳴電閃呢！你說，他是不是和北歐的雷神索爾十分相像呢？

20

很久很久以後，有個桃二郎……

並不是所有的英雄都是有神力的天神，或是身材高大的人類。在日本的神話傳說裡，有許多故事人物是從植物中「蹦」出來的，像是有一個與伙伴一起擊敗鬼怪小小英雄，就是從桃子裡面出生的！

有人說：「桃太郎是從一顆大桃子裡蹦出來的。」也有人說：「聽說是老婆婆去河邊洗衣服，從河裡撿到大桃子的。」

「桃太郎是天神給他們的禮物吧？」

「這孩子吃了老婆婆做的糯米丸子，身強力壯，連猴子、雉雞和白狗都成了他的伙伴。」

「桃太郎去魔鬼島，打敗妖怪，現在，再也沒有妖怪來欺負我們了。」

「而且，他把妖怪們搶來的金銀珠寶全都搬回來，發給大家。」

「桃太郎真是個大英雄啊。」

一般的人，聽到這裡點點頭，佩服桃太郎有勇氣，有智謀。但是不少沒孩子的人，聽說桃子會生出個娃娃，立刻飛奔到河邊，希望自己也能找到一顆漂在水面上的大桃子，那就能有個孩子啦。

河水嘩啦啦，他們等了很久，什麼也沒有。

「騙人的。」

「所以啊，這是神話嘛。」

「故事都是騙人的。」

失望的人，最後丟下這樣的話，搖搖頭，再也不去河邊等桃子。

「哈哈哈，」荒木晴家裡也沒孩子，他心裡嘿嘿嘿的笑：「這些大傻瓜，成熟的桃子掉到水面，想找桃子當然要跟著河走啊，上游一定有棵桃子樹，所以……」荒木晴沒把想法告訴大家，他挑了個有霧的清晨，背著簡單的行囊，甩上門，勇敢的出發。

河水嘩啦啦，他順著老婆婆洗衣服的大河往上游走，邊走邊仔細的觀察，他想，既然桃子漂在水上，那麼桃子樹不是種在坡上，就是種植在河邊，枝葉伸展在河上。路越走越小，坡度越走越陡，他翻過一座小山，出現幾條野狗，野狗朝著他狂吠，還好，荒木晴早有準備，他從袋子裡丟出幾顆御飯糰，那些野狗立刻搖著尾巴，吃完御飯糰，跟著他往前走。

「哈，這樣我不就像是桃太郎去魔鬼島了嗎？」荒木晴好得意，他還四處張望，希望還有猴子和雉雞出現，那就更像了。汪汪汪，野狗突然狂吠起來，前面赫然出現一大片桃樹，荒木晴的心砰砰砰的跳著：「難道是這裡了嗎？」沒錯沒錯，小山坡上的桃樹林，結實累累的粉紅色大……不，只是拳頭大的桃子。

這麼小的桃子，生不出桃太郎那麼大的孩子，荒木晴鑽進桃林裡，往前一棵樹一棵樹的看，一顆桃子一顆桃子的找。

「沒有，沒有任何一顆桃子比拳頭大。」

「難道還要去更深山的地方找嗎？」荒木晴剛有這念頭，那幾隻野狗又在叫了，汪汪汪，汪汪汪，牠們領著他直往山坡頂上跑。山坡頂上只有一棵枯掉的樹，仔細看看，那樹形、那枯葉……是棵桃子樹！沒錯，只是葉子掉光了，枝條枯掉了，最靠近地面的地方，還有一顆來不及長大就枯癟的桃子。

那些狗圍著樹，如果荒木晴沒看錯，他覺得野狗們對這棵樹很恭敬。

「你們怎麼了？」荒木晴問。

當然，狗不會說話啊，但荒木晴再仔細看看，那些狗全趴在那顆乾掉的小桃子旁邊。

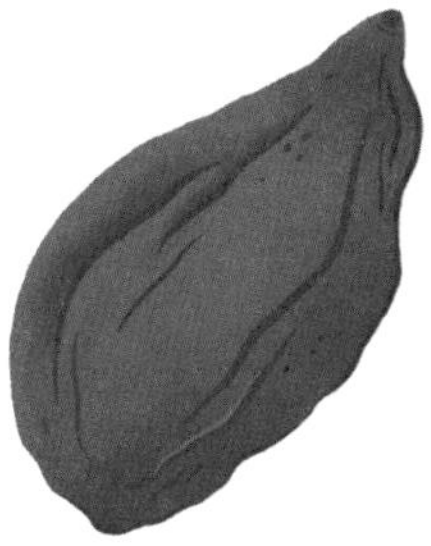

「難道，這是另一個桃太郎？」荒木晴自言自語的說著，那幾條狗卻站了起來，朝他點了點頭。

「桃太郎？」他忍不住伸出手，想把桃子摘下來，神奇的是，他的手還沒碰到那顆其貌不揚、醜不拉嘰的乾癟小桃子，緩緩的打開了，露出裡頭的果肉……

桃子裡頭有股吸力，吸著荒木晴的手指，但如果他想把手抽回來應該是可以的。但荒木晴那麼好奇，於是他把手指伸進桃子裡，然後是手掌、手肘和整條手臂。一直到他整個人被吸進去前，他腦海出現一個念頭：「啊？我是桃太郎？」

三天後，河邊一個洗衣服的女人，啊，那是荒木晴的太太嘛，她發現河面漂著一個大桃子——粉紅鮮嫩的大桃子。在成群野狗的跟隨下，她高興的把桃子捧回家。桃子裡頭有個男娃娃，和桃太郎傳說不太一樣的是，這男娃娃臉上的皺紋很深，還一直哭個不停，好像有很多很多心事要說似的。

「以前有個桃太郎了，你比較晚生，就叫桃二郎吧。」

荒木晴的太太說完，桃二郎哭得更大聲了。

日本的傳奇小孩英雄

英雄桃太郎的故事來自日本的傳說，說是有個偏僻的小村子，有對老夫婦一直沒孩子。有一天，老奶奶在河邊洗衣服時，河裡竟然漂來一個大桃子，老奶奶把桃子帶回家，和老爺爺一起把它切開，裡頭蹦出一個小男孩，他就是桃太郎。

桃太郎長大後，聰明機智又勇敢，村民常被鬼怪欺負，桃太郎自願去鬼之島為民除害，路上用糯米糰子收服了小狗、猴子和雉雞。在他們通力合作下，成功消滅鬼怪，最後帶著島上的寶藏回家，和父母過著幸福的日子。

在日本神話故事中還有像桃太郎這樣的小孩英雄，如〈一寸法師〉、〈金太郎〉等故事，主角通常會在旅途中找到伙伴，並一起前往遠方冒險，打敗妖魔鬼怪後成功返家，過著幸福快樂的日子。你還聽過哪些小兵立大功的小孩英雄故事呢？

作者的話

一杯咖啡裡的神話

很久很久以前，傳說中有一個編輯，她總是溫柔而堅定，外加創意有節奏的催稿，這是她的優點。

她撥了一通電話給我，說是如果我有空到臺北，她想請我喝咖啡，因為她想到一個很棒的企劃。按以往的經驗，編輯說這種話，那就表示是個很有挑戰性的企劃。

我不怕挑戰，在一個飄著細雨的午後，在巷底咖啡廳，編輯說是要來寫神話。

神話我寫得多了，希臘羅馬的，中國的……

「這回需要寫得更廣，例如美洲印第安人和阿茲特克人的故事。」

「還要加埃及嗎？」我建議。

編輯啜了口咖啡：「別忘了非洲。」

「非洲喔？」（非洲不是只有獅子嗎？）

「還有大洋洲、俄羅斯，取材較廣，融入世界地理與不同的文化元素。」編輯說時，咖啡很香，我腦裡的地球儀也在轉。

我嚇一跳：「你確定只寫兩本，不想豪氣的來個一百鉅冊？」

編輯堅持：「先寫兩本，一本寫創世神話，一本……」

「講地球毀滅後的末日神話？」

編輯眼珠子一轉：「我想起來，北歐神話就有末日神話。」

「你是指諸神的黃昏？」

「對，北歐也要列進來，然後另一本寫神話裡的英雄。」她說得像在菜籃裡多放把蔥似的簡單。

我怯怯的問：「你是說像復仇者聯盟，或是什麼邪惡連線之類的？」

「我的興趣是研究英雄，最喜歡看英雄電影……」編輯的語氣高亢：「你說，能不能寫出不一樣的英雄？」

「打破常規的英雄？」

「英雄不是工廠生產，千人千面，就像兵馬俑。」

「英雄值得傳唱千年，」我好像在背研究所的期末報告：「波斯的《列王紀》裡有很多……」

話一出口，我就想：「慘了，又多了個坑。」

果然……

「幸好您英明，我們差點漏掉波斯，波斯也要在神話和英雄篇章裡占有一席之地。」

我瞧瞧筆記本上洋洋灑灑的一大列：「取材要廣，文化要多元，神話英雄的故事要有代表性，最好創意無限外加轟轟烈烈，我記下來了！」

「啊！」編輯搖搖頭：「我差點忘了告訴你。」

難道還有嗎？

我急忙羅列緊剩的地區：「南極洲自古沒人煙，北極可以與北美洲同列，你看，我有抄下來，很快可以交給你……」

「平凡的神話故事用不到您這麼厲害的作家，」等等，她好像在灌迷湯了：「我們是想啊……」

編輯的手指開始繞圈圈，左一圈右一圈，繞完左邊繞右邊……

「神話是人類最早的故事創作啊，所以這回，一定要來個大突破、大改革、大創新大革命之大大大大……」

「那是什麼意思？」

「如果你每一篇都用一種不同的寫法，兩本書，四十個神話就有四十種寫法，像現場直播大洪水，維娜斯香皂的電視廣告，甚至劇本啊，說書人啊……」編輯說到這兒，激動到幾乎語無倫次了：「孩子讀了書，也學到了不同的寫作方法，這不就是一箭雙鵰了嗎？」

「四十篇，四十種寫法？」我突然發現，咖啡廳裡的燈光變暗了，「要是我寫不出來的話……」

編輯把咖啡杯放下，俐落的拿起她那個有著無眼貓咪的包包：「你是學長，你一定可以的啊，我們學校畢業的人都有這種本事……」

我望著她背影，突然覺得雙肩像托著地球的阿特拉斯。

走出咖啡廳時，還被服務生發現：「先生，不好意思，你們還沒有結帳喔。」

喝一杯咖啡，寫出兩本書，書裡玩出四十種寫法？

或許你不太相信，那麼，成品在這兒，歡迎你閱讀後來批評指教喔！

神話實驗室2

天啊，這樣也算是英雄？

作　　者｜王文華
插　　圖｜施暖暖

責任編輯｜楊琇珊
編輯協力｜蕭景蓮
封面設計｜也是文創
電腦排版｜中原造像股份有限公司
行銷企劃｜陳詩茵

天下雜誌創辦人｜殷允芃
董事長兼執行長｜何琦瑜
兒童產品事業群
副總經理｜林彥傑
總　　監｜林欣靜
版權專員｜何晨瑋、黃微真

出 版 者｜親子天下股份有限公司
地　　址｜台北市 104 建國北路一段 96 號 4 樓
電　　話｜（02）2509-2800　傳真｜（02）2509-2462
網　　址｜ www.parenting.com.tw
讀者服務專線｜（02）2662-0332　週一～週五：09:00~17:30
讀者服務傳真｜（02）2662-6048
客服信箱｜ bill@cw.com.tw
法律顧問｜台英國際商務法律事務所．羅明通律師
製版印刷｜中原造像股份有限公司
總 經 銷｜大和圖書有限公司　電話：（02）8990-2588

出版日期｜2021 年 12 月第一版第一次印行
　　　　　2022 年 2 月第一版第二次印行
定　　價｜350元
書　　號｜BKKCJ080P
ISBN｜978-626-305-122-5（平裝）

訂購服務
親子天下 Shopping｜shopping.parenting.com.tw
海外．大量訂購｜parenting@cw.com.tw
書香花園｜台北市建國北路二段6巷11號　電話（02）2506-1635
劃撥帳號｜50331356　親子天下股份有限公司

國家圖書館出版品預行編目資料

神話實驗室2：天啊，這樣也算是英雄？／王文華文；施暖暖 圖. -- 初版. -- 臺北市：親子天下股份有限公司, 2021.12
232面；17X21公分. --（樂讀456；80）

ISBN 978-626-305-122-5（平裝）
1.神話　2.通俗作品
280　　110019054